成功する

クラウドファンディング

小田恭央

あさ出版

本書は２０１５年に発行された
『クラウドファンディングで資金調達！』
を再編集したものです。

はじめに

アイデアだけで1000万円が集まる。

そんな夢のような世界が、現実に存在します。

クラウドファンディングです。

アイデアの面白さがあり、多くの人に共感してもらうことができれば、1000万円、いや成功すれば、億単位の資金が集まる時代になりました。10億円を超えるお金を集めた人も実際います。

数年前までは「こんなものがあったらいいな」というアイデアだけでお金を集めることなど、ほぼ不可能でした。

アイデアを実現するための資金を調達するには、銀行や投資会社などの説得が必要で、これが非常に高い壁となっていたのです。

実現の可能性とリスクについて綿密に分析した事業計画書を作成し、ヒトやモノを準備し、起業もしくはプロジェクトを立ち上げ、資金提供の可能性を探る……。

名のある企業や、誰が見ても画期的なアイデアであれば出資者を得やすいのですが、無名のベンチャー企業や個人に出資しようという太っ腹なエンジェル（出資者）は稀です。

時間と労力を費やして何度も足を運んだものの、結果的に出資を断られてしまい、アイデアをカタチにすることができなかった、という例は山ほどあります。

でも、いまは違います。

銀行や投資会社の力を借りなくても、インターネットを通じて、一般の人から資金を集めることが可能になったのです。

私自身、本編で詳しく説明しますが、これまで合計6000万円以上の資金をクラウドファンディングで調達しています（2021年には1億円超）。

それは何も、世界の仕組みを変えてしまうような、画期的なアイデアや技術だったわけではありません。

たとえば、私が企画したプロジェクトの1つが「しゃべる音声合成ソフト」をつくりたい、というものです。私はキャラクターデザインやアプリを開発する合同会社を経営しています。「東北イタコ」というキャラクターの「ボイスロイド」という音声合成ソフトをつくるためにクラウドファンディングを行いました。

最初の目標額は450万円。この金額は開始から23分で集まりました。

そして最終的には2300万円が集まりました。

「そんなことで？」と思うかもしれません。

でも、本当のことです。

クラウドファンディングは、有望な企業が投資を受けるのとは違い、一般の人たちに「楽しそう」「面白そう」「それ、いいね！」と思ってもらえるだけで、お金が集まる世界なのです。

ここで、あなたに質問です。

これまでに「このアイデアが実現したら面白そうだ！」と思ったこと、ありませんか？

そんなアイデアをもとにお金を集めるのが、クラウドファンディングです。

あえて、もう一度言います。

アイデアでお金を集める。
それが、クラウドファンディングです。

アイデアがお金になるなんて、これまでは一部の人や企業だけのものでした。グッドアイデアが思いついても、具現化できる資金や人材を持った誰かに使われて損をするだけでした。

でも、いまは違います。

誰でもアイデアを発表して、実現に必要なお金を集めることができます。

面白いことを思いついた人、斬新なことを考えられる人、そしてちょっとしたことに気づくことができる人にチャンスがまわってきました。

アイデアを企画にして、インターネットを通じて支援を呼びかける。

たったそれだけで、お金が集まります。

あなたの目の前に、奇跡をつかむチャンスがあるということです。

あなたは自分の現状に満足していますか?

「もっとお金があったらいいなぁ」

「嫌な上司とサヨナラしたい」

「やりたいことをやって生きていきたい」

「家族や恋人と過ごす時間が欲しい」

でも、お金がないからムリ……。

いままでは、それであきらめてしまっていたかもしれません。でも、クラウドファンディングが登場し、状況は一変しました。

クラウドファンディングのサイトという「アイデアを発表する場」に、アイデアと調達したい目標金額を掲載する。

日本中、そして世界中の人に支援を募る。

支援者は面白いアイデア、興味のあるアイデアに支援をする。

仕組みはとても単純です。

ですが、本当にそこにお金が集まっているのです。

たとえ資金ゼロでも、自分の夢をかなえることができます。

どこの家にでもある天井につける照明。この照明にプロジェクターを映す機能を付けたものがクラウドファンディングで発表されました。

もともと照明をさすところには電気が流れているので、プロジェクター機能を付けるのは難しくありません。

しかし、そのアイデアがよかったのでなんと7000万円を集めることに成功しました。

お金がなくても、自分の夢をかなえられる。
誰でも一発大逆転を決めることができる。
それがクラウドファンディングの魅力です。

ここまで読んで、クラウドファンディングに少しでも興味が湧いた方。あなたは、すでにクラウドファンディングで成功する素質があります。

アイデアを使ってみようかな、という気持ちがある。それこそが素質です。

この本では、私がクラウドファンディングで成功し、合計6000万円超という金額を集めた経験をもとに、どうすれば多くの人から資金を集められるか、クラウドファンディングを使って夢を実現できるかの秘訣を、余すところなく開示していきます。

いまや日本でも30以上のクラウドファンディング運営会社が、世界となれば、500以上が存在しています。その中から、自分のアイデアに向いている運営会社を探すコツ、何を決め、準備し、どんな手順で進めるべきか、支援者へのリターンはどんなものを設定すればいいかなど、成功するための道筋をポイントごとにまとめました。

どんどん活用してください。

私はクラウドファンディングで奇跡をつかみました。

ぜひ一緒に、この奇跡をがっちりつかみましょう！

小田恭央

Contents

Chapter 2

6000万円集めた成功例に学ぶ失敗しない資金調達法8

Chapter 3

クラウドファンディングを成功させる7つの法則

Chapter 4

まずはシミュレーションで始める成功率100%のクラウドファンディング

Chapter 5

効果的な宣伝・PR活動でファンを倍増！

Chapter 1

アイデアだけで1億円も夢じゃない!? クラウドファンディングの仕組み

「ポテトサラダつくります」に660万円！

「ポテトサラダをつくります」

2014年7月3日。

一つのプロジェクトがアメリカ最大のクラウドファンディングサイトとして知られる「キックスターター」に投稿されました。続けて、

「ただのポテトサラダ。どんな種類にするかはまだ決めてないけれど」

とあるだけです。

さてこのプロジェクト。いったいどれくらいの資金が集まったと思いますか？

なんと、6900人もの支援者から日本円にして約660万円（1ドル120円換算。以下すべて同じ）もの資金が集まったのです。

「ポテトサラダつくるから寄付して！」に660万！

(引用)
https://www.kickstarter.com/projects/324283889/potato-salad

「ポテトサラダが大金を集めたぞ！」ということに多くの人が驚き、たくさんのメディアがニュースとして取り上げました。その影響も加わり、さらに資金提供する人が増えつづけ、最終的には企画者が目標とした10ドル（約1200円）を大きく超える、660万円を手にすることができました。

なぜ、これほどの大金が集まったのでしょうか。それは、

「面白い波には乗っかろう」という群集心理が働いたからです。

このポテトサラダ・プロジェクトにはクラウドファンディングの本質が詰まっています。

「面白いこと」をやれば「話題」になり、その話題に「流行に乗っかる人」が集まり、「お金になる」。

そこに気づいた頭のいい人たち、アンテナの高い人たちがクラウドファンディングで「企画を面白くして」お金を集めるようになったのです。

その結果、いままでは1000万円以上集まるプロジェクトはざらで、億単位を集めるモ

ンスタープロジェクトも増えています。

「ポテトサラダ」という、ごくありきたりのコンテンツでも、面白い企画に仕立てることができれば、お金を集めることができるのです。

人は、何か面白いことがあったら応援したくなるものです。

大道芸人や路上ミュージシャンのパフォーマンスを見ていて、気に入ったら投げ銭をする人って、けっこういますよね。

クラウドファンディングに集まるお金は、この投げ銭に似ているかもしれません。集まる場所がネット上なだけで、「ポテトサラダ」のように、誰にでもできることであっても「いいね、気に入った！」「頑張れよ！」と思ってくれる人さえいれば、そこにたくさんのお金が集まるのです。

面白いこと、新しいこと、人の役に立つこと、カッコいい商品、パフォーマンス、地域活性化、社会貢献……。内容はどんなものでもかまいません。

「応援したいな」と思ってもらえることを投稿してお金を受け取る。

「これが欲しかったんだよ」という人々のニーズに応えるもの、
話題にできるもの、「人助けに通じる」もの、
「俺、こんなバカなことに金使ったんだぜ」と、
とにかくバカらしいことを一緒にやってくれるもの……。

こうしたプロジェクトを企画すれば、資金調達ができます。
そんなハードルの低さがクラウドファンディングの魅力です。

「あったら楽しそう」のワクワク感にお金が集まる

もう1つ、プロジェクトを紹介しましょう。

日本で2800万円集めた事例です。

日本でもアイデア次第でお金が集まる時代になりました。

日本で2800万円集めた事例、それは「折りたたみの椅子」です。

え？　折りたたみの椅子って普通じゃないの？

そう思われるかもしれません。

クラウドファンディングで実施されたこの折りたたみの椅子は「500ｍｌくらいの缶飲料」のサイズくらいに小さくできる椅子なのです。

構造はすごく単純。棒が1本出てきて、座る部分が少しだけ広がっている。1脚の椅子です。自分の足も使って体を支えれば良い、という考え方で生み出されました。

ちょっと外に出ているとき、じっくり座りたいわけじゃないけれど少し休みたいとき、ありますよね。

そういうニーズをしっかりととらえ、簡単に座れてしまう折りたたみの椅子をつくったのです。

簡単な構造なので原価はそれほど高くならないでしょう。

カメラの一脚（三脚ではなく足が1つのもの）のようなものです。

足の部分が収納できるようになっているので小さくなる。

それだけです。

たったそれだけのものに2800万円も集まったのです！

もし、ホームセンターにこれが置いてあったとしても「まあ、いらないかな」と思ってしまうかもしれませんよね。

しかし、クラウドファンディングはネットで様々な人にその良さを訴えかけることができます。

一般の人に受け入れられなくても一部のコアな人に

折りたたみ椅子に2800万円！

（引用）
https://www.makuake.com/project/sitpack/

「それ、面白そう」
「あったら楽しそう」
「そんなの見たことなかった」
と思わせることができればＯＫ。

世の中全員にヒットする企画ではないけれど、ピンポイントで響く人はいる。

ユーモアがあってワクワクさせられる魅力がある。

そういうプロジェクトにお金が集まるのです。

使える新錬金術
クラウドファンディングの仕組み

ここで改めて「クラウドファンディング」とは何か、お話ししておきましょう。

〝crowd〟（人々、群衆）と〝funding〟（資金調達）を組み合わせた造語で、インターネットを通じて、不特定多数の人から少額の資金を集める仕組みのことです。

ポイントは、「インターネットを介する」ということと、不特定多数、つまり、銀行や投資家など金融の専門家ではない「一般の人たちからお金を集める」という点にあります。

簡単に言ってしまえば、

「ネット」を使って
人々から「お金を集める」仕組み、ということです。

これまでにも、ネットで商売ができたり、情報を集めたりできる仕組みはありました。

ところが不思議なことに「やりたいことがあるからお金をください」という仕組みはありませんでした。厳密に言えばあったかもしれませんが、ほぼ知られていなかった。

そんななか、「クラウドファンディング」というカッコイイ名前の仕組みが登場したことによって、「イマっぽい」「これは楽しい仕組みだ」「やってみたい」と人々が反応し、どんどん広がっていきました。

現在では「銀行や投資会社を頼るより、クラウドファンディングでお金を集めたほうが効率がいい」と、投資家やベンチャーキャピタル会社から注目を集める有望な起業家、ベンチャー企業にも「使える仕組み」として支持されています。

さらに冒険家がクラウドファンディングで冒険の資金を集めたり、アイドルの卵が写真集を出すために、その資金を集めたりといった活用も始まっています。

いまや様々な人が、様々なアイデアで、クラウドファンディングを使ってお金を集めているのです。

目的によって使い分けが必要

クラウドファンディングでは、投資してもらった金額に応じて「リワード」というお礼（リターン）をすることが決まっています。そのリターンの仕方によって、クラウドファンディングは大きく3つの種類に分類できます。

売買型・寄付型

支援金額に応じて、金銭以外の物品やサービス、お礼のメッセージなどをリターンとして提供します。金融商品ではないので、気軽に始められることから、もっともオススメのタイプと考えています。「購入型（報酬型）」ともいわれます。

投資型

金融商品の一種で、株取引に近いイメージです。利益に応じて、出資者にリターンとして金銭（配当や利益の一部）、または株式を発行します。

ただ、私も利用したことがあるのでよくわかりますが、売買型・寄付型のように気軽に活用というわけにはいきません。金融商品なので、経営計画書のような書類の作成が必要になるなど、準備がかなり大変です。

借入型

いわゆる借金です。不特定多数の人からお金を借りて返すタイプなので、銀行より借りやすく（お金が集まらない場合もありますが）、借入先の1つとして使えるでしょう。

金融商品なので、投資型同様、準備がそれなりに求められます。

お金を借りることからクラウドレンディングとも言われています。

本書では、いま日本でもっとも採用されている「売買型」のクラウドファンディングで成功するノウハウを中心に解説していきます。

クラウドファンディングをするときは、クラウドファンディングの事業者のサイトを使うことになります。

「はじめに」でもお話ししましたが、日本だけでも30以上のサイトがあり、それぞれ特性もありますので、オススメをここでご紹介しておきましょう。

目的に応じて使い分けてください。

▼大規模プロジェクトから少額プロジェクトまで幅広い

キャンプファイヤー「CAMPFIRE」https://camp-fire.jp/

とにかく間口が広いのが特徴。ガジェットでもコンテンツでもイベントでも幅広く対応してくれます。

もし、どこが良いのかわからないときにはここがオススメです。

▼アート系、アーティスト系、タレント、サブカルチャーもの

グリーンファンディング「GREEN FUNDING」https://greenfunding.jp

元々ファンがついているモノや人にオススメです。

クラウドファンディングの種類

本書ではこのうち「売買型」をメインに説明します

売買型・寄付型

主なサイト

- CAMPFIRE
- GREEN FUNDING
- Makuake
- READYFOR?
- Kickstater
- Indiegogo
- Japan Giving　など

狭い意味でのクラウドファンディング

※一般的にはこの売買型・寄付型がクラウドファンディングと言われる

投資型

主なサイト

- セキュリテ
- Sony Bank GATE
- FUNDINNO
- など

借入型

主なサイト

- クラウドバンク
- maneo
- など

サポートが細かいので、ネットや企画が苦手な人であっても、プロジェクトをうまく立ち上げることができます。

▼**ソーシャル、福祉系、地域活性化、子育て支援に関するコト・モノなど**

レディフォー「READYFOR?」https://readyfor.jp

日本のクラウドファンディングのなかでは手数料が安く、震災後に活用する人が多かったこともあって、福祉系や地方活性化などに強いサイトです。

▼**ガジェット、新商品開発など**

マクアケ「Makuake」https://www.makuake.com

サイバーエージェント社が運営しているサイトで、新しいものが好きな人たちが集まっています。新しいもの、個性的な内容のものを好む人が多いです。

ＩＴが苦手でも簡単に投稿ページを作成できる

クラウドファンディングは、次のように行います。

まず、「こんなことをやってみたい」というアイデアを固めたら、その内容によって、どのクラウドファンディング事業者（サイト）がふさわしいかを検討します。

決まったら、そのサイトに企画の内容を投稿し、Ｗｅｂページをつくります。むずかしいことは１つもありません。

必要な情報をフォームに書き込むだけでＯＫ。

クラウドファンディング事業者がフォームを準備してくれているので、それを埋めていきます。

システムはすでに準備されているので、ＩＴ音痴の人でも問題なく投稿することができるのでご安心ください。

それでは実際、どういう流れで資金調達を実現させていけばよいか、私が行ったクラウドファンディングの事例を使って1つひとつ見ていきましょう。

「はじめに」で触れたように、弊社はクラウドファンディングで合計６０００万円以上を調達しました。ここでは、そのうちの１８００万円を調達したケースを紹介します（次ページ参照）。

これは、私たちの会社で運営している「東北ずん子」というキャラクター（詳細は後で）を使ったアニメーションをより拡張する、というプロジェクトです。

①プロジェクトのタイトル

ページのトップにくるのが、タイトルです。いちばん目立つ部分なので、ここで「何をやるプロジェクトなのか」一目瞭然にすることが大事です。

基本的なクラウドファンディングサイトの構成

（引用）https://greenfunding.jp/pub/projects/1852

②プロモーション動画

動画があると、資金が集まりやすい傾向があります。

このときは、目標金額が800万円と高いハードルだったので動画を準備しました。

③集まったお金

プロジェクトに支援してもらえたお金の総額です。

④目標金額

このプロジェクトで集めたい（目標とする）金額のことです。

多くの売買型クラウドファンディングは目標額を設定します。

この目標額があることによって盛り上がるのです。

さらに、目標額を達成しないと支援した人に全額返金される設定のものが多いです。

目標額を達成しないと1円ももらえないプロジェクト

となるのです。

なぜ、目標額を達成しないと1円ももらえないという仕組みになっているのかというと、その方が支援者を応援してくれるからです。

支援者は「お金を払う以上はやり遂げてほしい!」という気持ちで支援しています。

そして企画者は「ある程度の資金は集まったが、目標額には達していない」場合、本気でみんなに支援をお願いするようになります。

みんなが「本気」で取り組む。
だから、みんなが熱狂し、お金が動くのです。

この成立しなければお金を受け取れない方式を「All-or-nothing 方式」と言います。

この方式がクラウドファンディングで一番多いものです。

成立しなくてもお金を受け取る方式は「All-in-one 方式」と言われています。

こちらは All-or-nothing に比べてお金の集まりは少し落ちる傾向がありますが、とにかくプロジェクト自体を実行する場合によく使われています。

⑤プロジェクトの説明

なぜ、このプロジェクトを企画したのか。
プロジェクトを達成すると、どんな楽しいこと、よいこと、幸せなことが起きるのか。
どんな想いで企画を立ち上げたのか、といったことを記載します。
画像をたくさん盛り込めばイメージも湧きやすくなりますし、本気度も伝わります。

⑥プロフィール

プロジェクトに関係する情報を入れ込んだ自己紹介を、簡潔に書きます。

⑦リワード（お礼、お返し）

プロジェクトに支援した（出資した）人に対してどんなリターンを返すのかを示します。
商品企画の場合は商品そのものでもいいですし、福祉系プロジェクトの場合はお礼のお手紙などでも大丈夫です。

さて、ここまで、クラウドファンディングサイトへの投稿の仕方をひととおり見てきま

2300万円を調達したプロジェクトページ

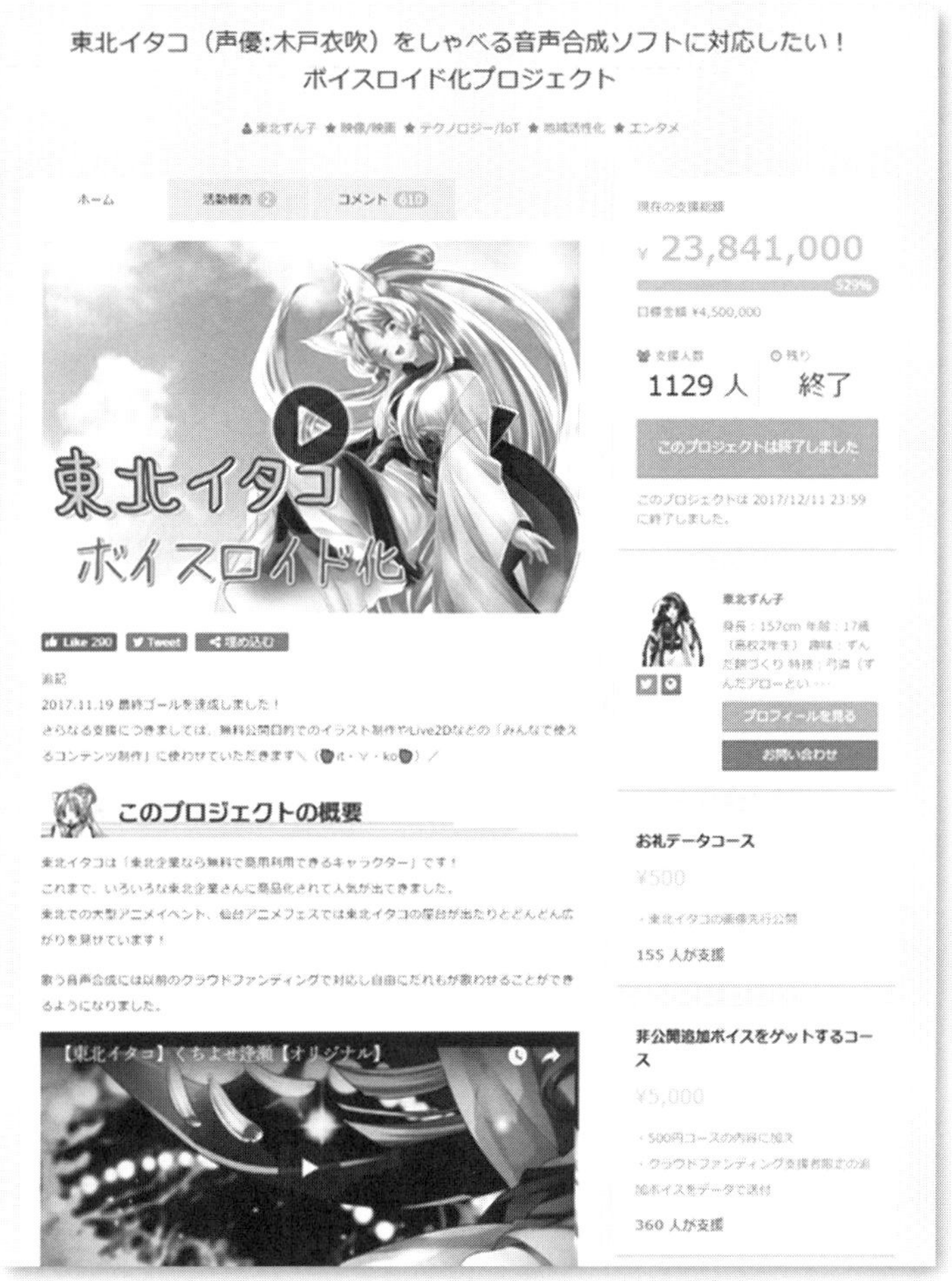

（引用）https://greenfunding.jp/pub/projects/2048

した。

特にむずかしいところはなかったですよね。

基本はタイトルを入れて、概要と本文、お礼の品（リワード）を書き、そして動画を入れるだけです。

企画内容が面白ければ、それを説明する文章を書いて、画像を入れれば形になるのがクラウドファンディングです。

同じ目的のためにお金を集めるという行為でも、ベンチャーキャピタルや投資会社から出資をしてもらったり、銀行から資金の借り入れを行ったりするとなると、事業計画書を作成し、売上予測を立て、返済プランも計算しなければなりません。

事業計画に無理がなく、投資するに値すると納得してもらえるように、しっかりとした説明も求められるでしょう。

それに比べると、クラウドファンディングは非常に簡単、かつスピーディー。さらに、リスクも最小限に抑えられます。

有能な人たちが、次々とクラウドファンディングを使うようになっている理由がここにあります。

やりたいこと、面白いアイデアを実現するのに、「簡単」で「スピーディー」、そして「リスクが少ない」。

それがクラウドファンディングを利用する最大のメリットなのです。

失敗しないためにいちばん気をつけたい「リワード」

「クラウドファンディングは誰でも簡単にできる」。そうお話ししてきました。実際、アイデアを発表し、サイトで募集をかけるところまでは簡単なのですが、投稿さえすればみな成功するかというと、そこまで甘くはありません。

私自身、これまでに「東北ずん子」というキャラクターの企画で、9回のクラウドファンディングを経験してきましたが、最初は失敗だらけでした。

初めて活用したのは、東北ずん子のスマートフォンゲームアプリに音声をつけるために、30万円集めるプロジェクトだったのですが、見事に失敗しました。

このとき失敗したのは、「リワード」の設定です。

失敗例 見落としがちな送料

支援者へのリワードとして、当時送付した東北ずん子のフォト画像。
これにフォトフレームをつけて郵送したのだが……。

「リワード」とは、プロジェクトに支援してくれた人へのお礼、リターンのこと。

リワードをどんなものにするかによって、ファンとして参加したいと思う人が増え、支援が集まりやすくなります。リワードは、クラウドファンディングにおいてとても重要な要素です。

このプロジェクトでは、支援額でいちばん小さい金額を１０００円、それに対するリワードを原価１４０円くらいの東北ずん子のキャラクターフォト＆フォトフレームにしました。

原価的には問題なかったのですが、送料

が１６０円かかってしまいました。つまり、送るモノの原価よりも送料のほうが高い状態になってしまったのです。

せっかく支援してくださった方にはいいものを送りたい。

しかし、高いモノは送れない。

だからこそのフォト＆フォトフレームだったのですが……。

送料は「残らない」もの。つまり支援者の方には「ないもの」となります。消えてなくなってしまうものに、いちばん高いお金を負担することになってしまいました。これが失敗の原因です。

送料をできる限り低く設定しておくのがクラウドファンディングで「いいリターン」を返す方法です。

実際、グッズ製作を考えると送料のかかるものばかりです。

たとえば、マグカップなどは少量でもそこそこ安い金額でつくることができますし、もらってうれしいものなので気軽につくろうとしてしまいがちです。

しかし、マグカップを１つ７００円でつくれたとしても、送料が５００円かかってしまえば、1200円もの負担になってしまいます。

仮に、2000円の支援に対するリワードだったとしたら、実際の支援額は800円となるわけです。

ほかの事例を分析すれば、それぞれ様々な工夫を凝らしていることがわかります。

本書でも、このあとお話ししていますが（Chapter5）、それとともに先行事例を参考にするといいでしょう。

大事なのは、支援してくれた人たちが喜んでくれそうなものは何か、そして、「出資したい」と思ってもらえるものは何かを考えることです。

喜んでもらえるリターンをつくりましょう。

メリットと共に
デメリットも要チェックの「投資型」

この本では「売買型」のクラウドファンディングについてお話ししています。

それは、自身の経験から、売買型がいちばんオススメだから、です。

そう結論づけるに至ったのは、「投資型」のクラウドファンディングを行ってみての実感でした。

とはいえ、興味のある方もいるでしょうから、ここで「投資型」のクラウドファンディングについてご紹介しておきましょう。

売買型が支援金に対して物品やサービスでリターンするのに対し、投資型は金銭でリターンする仕組みです。

まさに株のようなものです。

投資型の最大のメリットは、「大金が集まりやすい」ことです。

うまくいけば、投資(支援)した金額より大きなお金が返ってくる仕組みなので、「儲かるかもしれない」と株を買う気持ちで自己資金を投じる人、バクチ気分でお金を入れる人、単純に支援したいからお金を入れる人、様々な人の支援金が集まります。

私は「みんなのファンド」という投資型のクラウドファンディングを利用しました。まだクラウドファンディングという言葉が世に知られていないばかりか、「東北ずん子」自体も無名だったにもかかわらず、最終的に450万円の出資を集めることができました。

ではなぜ、あまりオススメできないのか。それは、

金融庁が関係することによる煩雑さにあります。

投資型のクラウドファンディングの管轄省庁は「金融庁」です。

弊社にも金融庁の「監査」が入りました。

それほど厳しく監査されたわけではないのですが、投資型の場合、受け取った金額は全

投資型のクラウドファンディング「東北ずん子」の例

額プロジェクト費用に使うこと、もし集めたお金のほうが使ったお金より多い場合、「返金」しなければならないという決まりがあります。そこで、実際に全額使っていたか、ということをチェックしに来たのです。

領収書と請求書を全部コピーして見せることで問題なく終わったのですが、そのための準備がじつに大変でした。

また、プロジェクト開始前には収益計画を実際に立てて、収益シミュレーションを作成し、それを公表しなければなりませんでした。

そこで、社内でクラウドファンディングの計画が「good（うまくいった場合）」「nomal（普通）」「bad（あまり売れなかった場合）」の3つのパターンをそれぞれ想定し、データを作成。特にbadではどれくらい出資者に損失が出るのかをチェックしました。

投資なので元本が保証されないため、ファンドのリスクを公開することは、出資者にとっては有益な判断材料になります。

ただ、資金調達を目的とする我々からすると、売買型のクラウドファンディングに比べて、ずいぶん手間がかかってしまうのは正直、デメリットです。

さらに、ファンド手数料もかかってしまいます。

支援額を1口2万円に設定していたのですが、2万円に対してその都度配当を渡していくと銀行手数料が膨大になってしまいます。

1口を2万円ではなく、3万円とか5万円にしておけば、もう少し銀行手数料の負担を抑えられたかもしれないと、実施してから気づきました。

大変な部分ばかり書いてしまいましたが、よかった点もあります。

分配の仕組みが柔軟だということです。

次ページの分配シミュレーションを細かく見るとわかるのですが、元が取れるまでは売上の5％が分配額になっています。

そして、元が取れたあとは売上の1％が分配額になっています。

元を取るまではファンド支援者に対しての分配（リターン）を優先し、元が取れたら作成のために負担した金額を回収していこう、という形にできたのです。

株や通常の証券では、こういった「柔軟な配当」がやりにくいのですが、クラウドファンディングを使ったことで、支援者へのリスクを減らせる仕組みにすることができました。これは、投資型ならではのメリットと言えるでしょう。

また、投資型だったから「知名度がなくても大金を集めることができた」とも考えられます。

この当時は、クラウドファンディングの知名度がほぼゼロでしたから、クラウドファンディングでお金を支援しようと考える人もかなり少なかったでしょう。

支援者のリスクを抑えた分配モデルが可能

›ファンドTOP ›ファンド情報 ›仕組み ›分配シミュレーション ›リスク ›会社情報

分配シミュレーション

本匿名組合契約における分配金額のシミュレーションは以下のとおりです。なお、シミュレーションの目的は、本匿名組合事業の売上に応じた分配金額を予想することにあります。従いまして、売上を保証するものではなく、匿名組合員に対し、分配金額を保証するものでもありません。

また、下記表中の金額、数値の算出にあたり本匿名組合事業に要した費用は募集開始時点における見積もりを使用しております。従いまして、実際の費用の支払いが見積もりを下回った場合など、匿名組合員に対する分配金額は表中の数値とは異なる可能性がございます。

分配計算式

- 分配原資＝売上高（税込）×ファンド戻し率（損益分岐前：5%、損益分岐後：1%）
- 1口あたりの分配金＝分配原資÷募集口数（225口）

※1口あたりの分配金が1口あたりの出資金（20,000円）を超えた（損益分岐後）場合、その超過部分に20%の源泉所得税がかかります。

（単位：円）

A	B	C	D	E	F	G
DVD売上本数	累計売上高 (A×9,800円)	分配原資 ・損益分岐前(B×5%) ・損益分岐後(B×1%)	1口分配金 (C÷225口)	源泉徴収後 1口分配金	源泉徴収前回収率 (D÷2万円)	源泉徴収後回収率 (E÷2万円)
0本	0	0	0	0	0.0%	0.0%
500本	4,900,000	245,000	1,089	1,089	5.4%	5.4%
1,000本	9,800,000	490,000	2,178	2,178	10.9%	10.9%
1,500本	14,700,000	735,000	3,267	3,267	16.3%	16.3%
2,500本	24,500,000	1,225,000	5,444	5,444	27.2%	27.2%
3,000本	29,400,000	1,470,000	6,533	6,533	32.7%	32.7%
3,500本	34,300,000	1,715,000	7,622	7,622	38.1%	38.1%
4,000本	39,200,000	1,960,000	8,711	8,711	43.6%	43.6%
4,500本	44,100,000	2,205,000	9,800	9,800	49.0%	49.0%
5,000本	49,000,000	2,450,000	10,889	10,889	54.4%	54.4%
5,500本	53,900,000	2,695,000	11,978	11,978	59.9%	59.9%
6,000本	58,800,000	2,940,000	13,067	13,067	65.3%	65.3%
6,500本	63,700,000	3,185,000	14,156	14,156	70.8%	70.8%
7,000本	68,600,000	3,430,000	15,244	15,244	76.2%	76.2%
7,500本	73,500,000	3,675,000	16,333	16,333	81.7%	81.7%
8,000本	78,400,000	3,920,000	17,422	17,422	87.1%	87.1%
8,500本	83,300,000	4,165,000	18,511	18,511	92.6%	92.6%
9,000本	88,200,000	4,410,000	19,600	19,600	98.0%	98.0%
9,184本	90,000,000	4,500,000	20,000	20,000	100.0%	100.0%
9,500本	93,100,000	4,531,000	20,138	20,110	100.7%	100.6%
10,000本	98,000,000	4,580,000	20,356	20,284	101.8%	101.4%
10,500本	102,900,000	4,629,000	20,573	20,459	102.9%	102.3%
11,000本	107,800,000	4,678,000	20,791	20,633	104.0%	103.2%
11,500本	112,700,000	4,727,000	21,009	20,807	105.0%	104.0%
12,000本	117,600,000	4,776,000	21,227	20,981	106.1%	104.9%
12,500本	122,500,000	4,825,000	21,444	21,156	107.2%	105.8%
13,000本	127,400,000	4,874,000	21,662	21,330	108.3%	106.6%
13,500本	132,300,000	4,923,000	21,880	21,504	109.4%	107.5%
14,000本	137,200,000	4,972,000	22,098	21,678	110.5%	108.4%
14,500本	142,100,000	5,021,000	22,316	21,852	111.6%	109.3%
15,000本	147,000,000	5,070,000	22,533	22,027	112.7%	110.1%

注1）「売上高」は、小売価格（税込）×販売本数で計算されます。
注2）「回収率」とは、次の算出式によって計算される全会計期間（36か月）にかかる1口あたり分配金の合計額を基にした直接回収率です。
回収率＝1口分配金÷20,000円

C
分配原資
・損益分岐前(B×5%)
・損益分岐後(B×1%)

ここに注目！

出資金未満では売上の5%、出資金を超えたら売上の1%を分配。支援者のリスクを抑えた設定ができるのはクラウドファンディングならでは。

それでもこうしてお金が集まったのは、投資型だったことで「株みたいなものでしょ」という気持ちで支援をいただけたからではないかと思います。

なお、これらの性質から投資型を使うのであれば、少し金額の大きい、つまり3000万円～1億円くらいのプロジェクトがオススメです。

数百万円から1000万円程度までなら日本でも売買型で資金調達が可能ですし、売買型はお金を返す必要がないので利益も出やすいからです。

投資型はプロジェクト予算を超えて大きくお金を集めすぎた場合、先述のようにお金の返還が必要になるので、自由にやりたい場合は売買型がオススメなのです。

Chapter1ではクラウドファンディングがどんなものかを見てきました。

続いて、あなたの夢や目的を叶える方法についてお話しします。

Chapter 2

6000万円集めた成功例に学ぶ 失敗しない資金調達法8

調達法①目標金額を決める

本当に資金が集まるかどうかを10万円単位でテストする

先程もお話ししたように、私は「東北ずん子」というキャラクターのボーカロイド化プロジェクトなどにおいて、クラウドファンディングを利用し、合計6000万円超の資金調達に成功しました。

このChapterでは、どのようにして資金を集めたか、プロジェクトの立ち上げから実現までの流れを詳しく振り返り、8つの方法にまとめてお話ししていきます。どうすればクラウドファンディングを成功できるか、うまく資金調達できるのか、そのポイントが具体的に理解できると思います。

そもそも「東北ずん子」が誕生したのは、東日本大震災がきっかけでした。

それ以前は、東北とは関係のない地方キャラクターをつくるプロジェクトを進めていました。すでに3Dモデルもできあがっていたのですが、あの震災が起きた。そこで、いったん進行中だったプロジェクトは保留にして、東北の支援につながる何かをしようとメンバーの意見が一致しました。

翌4月には、新たなキャラクターづくりを始め、その年の10月27日に「東北ずん子」を発表したのです。

今から考えると、単なる流行りの〝地方萌えキャラ〟では自治体主体のプロジェクトも多く、埋もれて終わってしまったかもしれません。でも、ずん子には「復興支援につながること」という大きな特徴がありました。

これが強みとなり、「東北ずん子」のPRをするために2011年の「CREATIVE MARKET TOKYO（CMT）」（経済産業省・関東経済産業局が行っているコンテスト）に応募したところ、準優勝（審査員特別賞）をいただくことができました。

賞をいただいたおかげでよいPRになり、〝萌えキャラ〟好きのファンを中心に、広く知ってもらうことができました。

復興支援が目的だったため、東北ずん子は「東北の企業であれば無料で商用利用できるキャラクター」としました。しかも、使用に際し、申請の必要はありません。

現在では、東北のいたるところで「東北ずん子」を使用したお菓子などの商品がつくられ、販売されています（83ページに一部紹介）。

東北ずん子は、ファンの応援によって成長していくキャラクターにしようと考えていました。そこで、思いついたのがクラウドファンディングでした。

もともと、ユーザーがニコニコ動画で東北ずん子のキャラクター動画をつくるなどしていました。成長のステップとして、音声合成ソフト「ボーカロイド」を使って、東北ずん子の声で楽曲を歌わせることができれば、さらにニコニコ動画やYouTubeなどで知名度を上げることができるに違いない、そう考えたのです。

ボーカロイド化で定めた目標金額は、５００万円。

しかし、このクラウドファンディングを行う前にやったことがあります。

ファンを増やすことが成功の秘訣

「小規模なクラウドファンディングを実施する」ということです。

63ページに、東北ずん子がクラウドファンディングを実施した順番と集めた金額をまとめています。よく見ていただくと、大きな金額が集まったクラウドファンディングの前には、比較的少額のクラウドファンディングを実施していることがわかります。

なぜ、こんなことをしたのか？　それは、

「お金がどれくらい集まるのか」を確認するためです。

大金を集めたあとに少額のクラウドファンディングを実施すれば「まず集まるだろう」

という予測が立てられます。

しかし、もっと効果的な方法があります。クラウドファンディングは、

「最初の支援の勢い」があれば、かなりの確率で成功します。

逆に最初に勢いがなければ、ほぼ失敗に終わります。

自分のプロジェクトに対して、

「支援してくれるユーザーは本当にいるのか」

「公開後すぐに支援してくれるユーザーはどれくらいいるのか」

そのリサーチをするために、まず少額のクラウドファンディングを行うというわけです。

まず、スマートフォンのアプリ制作の資金として30万円を募集し、ユーザーの反応を見ることにしました。

募集期間は1か月。なんと10万円を入れてくれるファンもいて、30万円を達成することができました。

その勢いで次はボイスロイド化の（しゃべる音声合成ソフト制作）プロジェクトを立ち

東北ずん子のサクセスストーリー

資金調達の目的		調達資金	活用したクラウドファンディング事業者（サイト）
1回目	スマフォアプリ制作	30万円	マイクロバンク
2回目	ボイスロイド制作 （しゃべる音声合成）	450万円 （投資型）	みんなのファンド
3回目	３Dモデル制作	50万円	CAMPFIRE
4回目	ボーカロイド制作 （歌う音声合成）	530万円	Anipipo
5回目	東北ずん子姉妹のUTAU音源制作 （歌う音声合成）	200万円	GREEN FUNDING
6回目	アニメの設定資料制作を兼ねた画集制作	500万円	Kickstarter
7回目	東北ずん子妹のボイスロイド制作	700万円	GREEN FUNDING
8回目	東北ずん子アニメ制作	1900万円	GREEN FUNDING +Kickstarter
9回目	東北ずん子姉のボイスロイド制作	2300万円	GREEN FUNDING

10回目以降に続く……

上げ、450万円の支援を呼びかけたところ、最終日に無事達成。

こうしてボイスロイドが作成され、ニコニコ動画で東北ずん子がたくさん再生され、コメントが多数つくなど話題になったのです。

続けて、ボーカロイド化のプロジェクトをやろうと盛り上がったのですが、その前に、本当に資金が集まるかを確認したかったため、「3Dモデル制作のクラウドファンディング」を目標額25万円で実施しました。実際に3Dモデルが必要だったこともあります。するとたった4日で目標額を達成し、最終的には50万円以上を集めることに成功。3Dソフトでデフォルメされた小さいサイズのずん子が誕生し、いろいろな場所で使ってもらえるようになりました。

25万円の少額とはいえ、あっという間に目標金額を達成したことから、我々はボーカロイド化に必要な500万円は必ず集まると確信。

満を持して、「東北ずん子のボーカロイド化」プロジェクトをクラウドファンディングサイトに発表したのです。

プロジェクトの説明では、次のような呼びかけをしました。

「ボーカロイドが実現できれば、

すごい勢いでずん子ちゃんが大勢の人に知られるようになり、東北の企業にとってさらに使いやすいキャラクターになり、ますます東北にお金が落ちる仕組みができます。あなたの力をぜひ貸してください！」

結果は、前述したとおり。

1か月の募集期間に、530万円が一気に集まりました。

もし、プレテストをせず、いきなりボーカロイド化への支援を求めていたら、こんなに短期間でお金が集まったかというと、正直、ここまでの盛り上がりにはならなかったのではないかと思います。

じつは、ボイスロイド化（2回目。450万円を出資型で集めた）と、ボーカロイド化（4回目。500万円を売買型で集めた）のクラウドファンディングについては、資金調達で失敗した場合、関係者に迷惑をかけるものでした。

つまり、失敗は許されないということ。

そこで、どんなステップアップを踏めば目標を達成できるかについてはかなり検討し、戦略的に「順番」を決めました。

比較的少額で実現できる、スマートフォンアプリの制作も3Dモデルの制作も、そのうちやろうと考えていたプランであったこと、また、いずれも20～30万円台で実施可能なプロジェクトであったことから、先にお試しで取り組むことにしました。

失敗のリスクを最小限に抑えようとした。

これが「少額」→「高額」の順番で実施した大きな理由です。

調達法②タイトル設定

「支援したい！」と思わせるタイトルをつける

東北ずん子プロジェクトを通じて、クラウドファンディングのキモは何か、痛感したことがあります。

それは「タイトルの重要性」です。

ボーカロイド化にあたって、我々が最初につけたタイトルは大失敗でした。

「東北ずん子ボーカロイド化」

……これでは支援者が「で、だからどうしたの？」となってしまい、何の思い入れも共感も持てません。

プロジェクトが実現すると、

どんな明るい未来が待っているのか。
誰が得をし、幸せになるのか？

タイトルには、見ただけでそのイメージが湧く言葉が必要です。

たとえば、「電池が◯◯mAのスマートフォン」といわれてもピンときませんよね？ 性能を伝えたいならば、「3日間充電しなくてもすむスマートフォン」と表現したほうが、〝明るい未来〟が描けますし、誰が何を得られるかがわかります。

スペックや機能を伝えてもユーザーはピンとこず、支援したい気持ちにはなりません。

前回の失敗を教訓に、次に姉妹キャラで歌わせるためのUTAU化（フリーの音声合成ソフトで設定された音声ファイルをセットすると楽曲を歌わせることができる）プロジェクトを立ち上げた際（5回目）は、タイトルを工夫し、

「東北ずん子の姉と妹を歌わせてあげたい！」

という文言を加えました。

これで、たくさんの支援をいただくことができたのです。

失敗するタイトル、成功するタイトル

タイトル

「東北ずん子ボーカロイド化」

失敗!

「ボーカロイド」が
わからない人には響かない。
そもそも、機能が増えることで
どういうメリットが
あるのかがわからない

タイトル

「東北ずん子の姉と妹を歌わせてあげたい！」
「東北イタコ、東北きりたんのUTAU音源制作！」

成功!

「歌えるようになる」点を
強調することで
明るい未来を提示

調達法③リワードの設定

お得感を持たせつつ利益が出るものを選ぶ

ボーカロイド化のプロジェクトでは、支援者に対するリワード（お礼）についても、かなり考えました。

たとえば、500円の支援者についてては「データ」をリワードにすることによって、もの自体の制作費や送料の負担をゼロにしています。つまり、500円は少額の支援でありますが、原価がかからないぶん、利益率がいちばん高くなっています。

次に、5000円の支援者に対するリワードはマグネットシートのみにしました。送料は80円です。5000円をほぼ寄付してくれるぐらい、けっこう太っ腹な支援者を想定しています。利益率も高いです。もちろん、マグネットシート自体も質を重視してありますし、重さがあるので「価値を感じやすい」ものになっています。

かしこいリワードの設定とは

東北ずん子
ボーカロイド化
事例

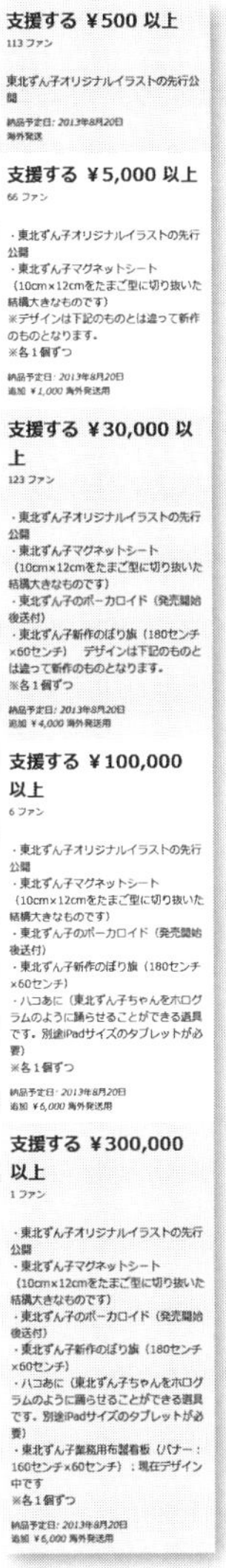

支援する ¥500 以上
113 ファン

東北ずん子オリジナルイラストの先行公開

納品予定日: 2013年8月20日
海外発送

支援する ¥5,000 以上
66 ファン

・東北ずん子オリジナルイラストの先行公開
・東北ずん子マグネットシート（10cm×12cmをたまご型に切り抜いた結構大きなものです）
※デザインは下記のものとは違って新作のものとなります。
※各1個ずつ

納品予定日: 2013年8月20日
追加 ¥1,000 海外発送用

支援する ¥30,000 以上
123 ファン

・東北ずん子オリジナルイラストの先行公開
・東北ずん子マグネットシート（10cm×12cmをたまご型に切り抜いた結構大きなものです）
・東北ずん子のボーカロイド（発売開始後送付）
・東北ずん子新作のぼり旗（180センチ×60センチ）　デザインは下記のものとは違って新作のものとなります。
※各1個ずつ

納品予定日: 2013年8月20日
追加 ¥4,000 海外発送用

支援する ¥100,000 以上
6 ファン

・東北ずん子オリジナルイラストの先行公開
・東北ずん子マグネットシート（10cm×12cmをたまご型に切り抜いた結構大きなものです）
・東北ずん子のボーカロイド（発売開始後送付）
・東北ずん子新作のぼり旗（180センチ×60センチ）
・ハコあに（東北ずん子ちゃんをホログラムのように踊らせることができる道具です。別途iPadサイズのタブレットが必要）
※各1個ずつ

納品予定日: 2013年8月20日
追加 ¥6,000 海外発送用

支援する ¥300,000 以上
1 ファン

・東北ずん子オリジナルイラストの先行公開
・東北ずん子マグネットシート（10cm×12cmをたまご型に切り抜いた結構大きなものです）
・東北ずん子のボーカロイド（発売開始後送付）
・東北ずん子新作のぼり旗（180センチ×60センチ）
・ハコあに（東北ずん子ちゃんをホログラムのように踊らせることができる道具です。別途iPadサイズのタブレットが必要）
・東北ずん子業務用布製看板（バナー：160センチ×60センチ）：現在デザイン中です
※各1個ずつ

納品予定日: 2013年8月20日
追加 ¥6,000 海外発送用

500円
イラストの電子データ
送料はゼロ円。

5,000円
500円相当のもの＋マグネットシート（それなりに大きなもの）送料80円。
紙と違って重さがあり、加工されているので価値を感じやすい。

3万円
5,000円相当のもの＋ボーカロイド＋のぼり旗
支援のボリュームゾーンになるように、リターンを充実させる。

10万円
3万円相当のもの＋高級品
がんばって支援してくれる人向けに、あえて高額を用意しておく。

30万円
10万円相当のもの＋高級品
気合いを入れて支援してくれる人のための最高額プラン。

Point !
リワード（お礼、リターン）は500円から始めるのがオススメ。
500円の場合は、送料負担とモノの原価を考えると、物品を送ることがほぼできないので、できる限り電子データで対応するとよい。

そして3万円。いちばん支援者の多いゾーンになっています。

ちなみに、このときの500円の支援者は113人、5000円の支援者は66人、3万円の支援者は、なんと123人でした。

3万円の支援者を増やすことで、このプロジェクトは成功しました。

ここに、クラウドファンディングを成功させるコツがあります。

「多くの人から少額を集める」のではなく、「個人が払える最大限の金額を集める」ことを意識する。

高校生であれば500円が限界かもしれません。

しかし、社会人であれば数万円出せるかもしれない。

数万円を「出してもよい」と思ってもらえるようにするのが、クラウドファンディングで成功するコツなのです。

このプロジェクトでは、3万円支援してくれた方へのリワードとして、5000円の支援でもらえる物品のほかに、東北ずん子のボーカロイド（完成後送付）と、のぼり旗を用意しました。

プロジェクトの目的であるボーカロイドが手に入るほかに、グッズのおまけもついているというお得感を持たせた結果、「3万円の支援をしたい」とたくさんの方に思っていただくことができたのです。

このように、「けっこうな額だよね」と感じる金額でも、出してもいいと思ってもらえるリワードを設定すれば、数百万円から1000万円程度は、クラウドファンディングで資金調達が可能なのです。

リワードのボリュームゾーンをどこにするのか、が決め手になります。

しっかり考えて設定しましょう。

調達法④プロジェクト概要を書く

大事なのは「想い」と「実績」

ボーカロイド化のプロジェクトは、私にとって4回目のクラウドファンディングでした。回数を重ねるうちに、プロジェクトを説明する本文はかなり洗練されてきたと思います。

〝洗練〟というのは文章が上手になったという意味ではありません。「支援してもらうために何を書けば効果的か」がわかってきたということです。

本文をすべて紹介するとなると長くなってしまうので、ポイントとなる部分のみ解説するのです。

それでは、ボーカロイド化のときの説明文を見ていきましょう。

冒頭は次のように始まっています。

東北復興支援キャラクター『東北ずん子』のボーカロイド制作を行うための支援を募集しています。東北ずん子ちゃんは東北企業であればイラストを商用利用であっても無料で使用できるキャラクターです。

このキャラクターの認知度を広げるため、ボーカロイド制作をお手伝いしてもらえませんか？

ボーカロイドができれば、クリエイターさんがYouTubeやニコニコ動画などで歌を投稿したりしてみんなで東北ずん子ちゃんを盛り上げる環境ができます。

また、東北企業さんのテーマソングをつくることも実現できるようになります。

ボーカロイドについての説明以上にキャラクターの説明をしっかり書いています。

ここが大きなポイントになります。

ボーカロイドは最終目的ではない。
「東北ずん子のゴールは東北支援である」という
「本質的には何をしたいのか」を示している。

そのうえで、「ボーカロイドとは何か」について簡潔に書いています。

このような専門技術を説明するときは、正確さよりも、多少の語弊を怖れず「わかりやすいのがいちばん」と割り切って書くことが重要です。

実際、ボーカロイドを正しく説明しようとすると、逆にわかりづらくなってしまいます。

「ボーカロイドとは、ＹＡＭＡＨＡが開発した音声合成技術、およびその応用製品の総称であり、同社の商標である……」どうですか？　小難しく聞こえますよね。

それよりも、10人中７人がわかってくれれば十分、という気持ちでスパッと短くわかりやすい形で書きましょう。

東北のずんだ餅屋さんが東北ずん子ちゃんのずんだ餅をつくったり、七ヶ浜の海苔屋さんがパッケージに東北ずん子ちゃんのイラストを使ったりといった、【商品】の付加価値としてずん子ちゃんが使われています。

また、東北の痛車《イタシャ》イベント『痛フェス』で東北ずん子ちゃんの声優である佐藤聡美さんを呼んでトークをしたり、その場で東北ずん子ちゃんの痛車をつくったりしました。

もちろん、東北企業さんや東北でのイベントなので東北ずん子ちゃんのイラストは無償提供しています。さらに東北ずん子ちゃんがいろんな人の役に立てるようにもっともっとプロモーションをしていきます。

東北ずん子ちゃんは応援して下さる人のおかげで徐々に成長しています。

このように、これまでの活動についても紹介するのも大切です。

支援者がいちばん避けたいのは、提供したお金が「ムダ」になることです。

クラウドファンディングのなかには、資金調達はできたものの、プロジェクトを完成しきれずに中途半端に終わった事例も、じつは多くあります。

このプロジェクトはリスクが少ないと思ってもらうためには、これまでの実績を示すのがいちばん。必ずしも、クラウドファンディングの実績でなくてかまいません。

「プロジェクト運営者である我々がいかに信用できるか」を伝えることが重要。そのための実績なのです。

続きを見ていきましょう。

> 東日本大震災が発生したとき、コンテンツ屋の我々に何ができるのかを社内で話し合いました。
> 東北が元気になるきっかけを作れないか。
> ずっと使ってもらえる「インフラ」となるようなキャラクターを生み出せないか。
> 東北が元気になれるような仕組みをつくることができないか、社内のメンバーで何度も話し合い、そして東北ずん子ちゃんが生まれました。……中略……
> いろいろな方が応援してくれればくれるほど、東北ずん子ちゃんが盛り上がり、東北企業さんが使ってくれることになり、東北にお金が落ちる仕組みになります。
> その仕組みをつくるために、あなたの力を貸してください。

このプロジェクトが生まれたきっかけと、運営しているメンバーがどのような想いで取り組んでいるのかを伝えています。

クラウドファンディングは「想い」が大事です。

プロジェクトの立案者の想い、熱意をしっかりと伝え、それに支援者が応えてくれるからこそ、実現できます。

最近、野菜や果物を通販で買うと「生産者の想い」が書かれたメッセージが一緒に届くことがあります。それを読むと丹精込めて野菜や果物をつくっていることがわかり、食べるときによりおいしく感じます。

これと同じで、プロジェクト企画者が自分たちの熱意を言葉で表現することによって、「本気度」が伝わり、「応援したい」という気持ちになってもらいやすくなるのです。

「あなたの力を貸してください」という文言も同じで、我々は熱い気持ちで取り組んでいるのであなたも参加者として一緒にやりませんか、という気持ちを届けています。

「誰かの助けになりたい」。多くの人はこう思っています。率直に支援を訴える。

それがいちばん人の心に響きやすいのです。

今後は東北ずん子ちゃんのストーリーの中で東北の各地を出して行き、『聖地』をつくっていこうとしています。

今年中に〝東北ずん子小説〟が発売されます。〜中略〜

最終的にはテレビアニメ化を目指しています。

テレビアニメで東北を聖地にする。

そして、東北全体でずん子ちゃんを使ったビジネスができるようにするのが目標です。

ボーカロイドが実現したあと何が起きるか、今後がさらに楽しくなっていく将来像を示しています。

想いと実績は必ず入れましょう。

調達法⑤画像と動画を添付する

多彩なビジュアルで読み手のテンションを上げる

本文をざっと見てきましたが、じつは大事なものを省略しています。「画像」です。

文字だけを読んでいると疲れますし、飽きてしまうものです。小説でも、途中に挿絵があると、それがイメージがふくらみますよね。同じように、文章の途中にイラストや画像があると、

イマジネーションが広がり、「面白そうだ」「実現したものを見てみたい」とテンションを高める効果が期待できます。

また、静止画だけでなく、動画を盛り込むとより効果的です。

動画があるとリアル感が増し、信頼できると思われやすいのです。

電子化が進んだ反動なのか、逆にアナログの「手書き」や「手づくり」の価値が再評価されています。

それと同様に、動画に対しても「制作するのに労力がかかる」と広く認識されているため、その苦労に価値を感じてもらえます。

画像や動画は文章以上にインパクトを与えます。できるだけ準備しておきましょう。

「うちは画像なんてないよ」という方もいらっしゃるかもしれません。

その場合にも対処法はあります。

画像の調達の仕方についてはＣｈａｐｔｅｒ４でお話ししますので、参考にしてください。

「ボーカロイド化」支援ページにちりばめた画像

調達法⑥リワードの画像を添付する

「支援すると、どんなリターンがあるか」をビジュアルで見せる

「支援したら何が返ってくるのか」は支援者にとって重要です。

どのようなお礼があるのかを画像など、ビジュアルで示すと、安心してもらえます。

たとえば今回、「のぼり」については新しいデザインだったため、プロジェクト掲載時は別のところでつくったのぼりをサンプルとして掲載しました。サンプルでも、「何となく伝わる」効果があるからです。

また、サイズも記しておくのがオススメです。サイズがわかると、支援者もリワードがどんなものかより具体的にイメージでき、安心して支援することができるため、支援も集まりやすくなります。

しっかり情報は出していきましょう。

支援すると何が得られるか画像で示す

リワード設定

リワード #1
金額：500円
内容：
・東北ずん子オリジナルイラストの先行公開
納品予定日：支援募集完了から1ヶ月くらい
海外発送向けの追加料金：なし

リワード #2
金額：5000円
内容：
・東北ずん子オリジナルイラストの先行公開
・東北ずん子マグネットシート（10cm×12cmをたまご型に切り抜いた結構大きなものです）
※デザインは下記のものとは違って新作のものとなります。
※各１個ずつ

納品予定日：支援募集完了から1ヶ月くらい
海外発送向けの追加料金：1000円

リワード #3
金額：30,000円
内容：
・東北ずん子オリジナルイラストの先行公開
・東北ずん子マグネットシート（10cm×12cmをたまご型に切り抜いた結構大きなものです）
・東北ずん子のボーカロイド（発売開始後送付）
・東北ずん子新作のぼり旗（180センチ×60センチ）　デザインは下記のものとは違って新作のものとなります。
※各１個ずつ

納品予定日：支援募集完了から1ヶ月くらい、ボーカロイドは発売後になります。
海外発送向けの追加料金：4000円

調達法⑦PR活動を考える

告知・拡散効果絶大のプレスリリースを配信する

どんなビジネスでも、広く一般の人に注目されることが重要です。知られなければ、売れないのが世の常。クラウドファンディングでいえば、お金が集まることはないということです。

その点、クラウドファンディングは、「告知力」があります。

我々がプロジェクトを実施した際も、様々なニュースサイトで紹介してもらえました。

ニュースとして取り扱ってもらうには、

「プレスリリース」を書いて、ニュースサイトにメールで送信するだけ。

ニュースサイトにプレスリリースを送る

animeanime.jp アニメ！アニメ！

ホーム　ニュース　イベント・レポート　インタビュー　レビュー　連載

ホーム › ニュース › 話題 › 記事

› ニュース　2013年6月20日（木）19時33分

クラウドファンディングサイト「Anipipo」　案件第4弾は"東北ずん子"ボカロ化プロジェクト

アニメーション作品を中心に、クラウドファンディングの場を提供するAnipipoが、6月20日から第4弾のプロジェクトの支援募集を開始した。東北応援キャラクター「東北ずん子」のボーカロイド化プロジェクトである。
ユーザーとのインタラクティブな関係を目指して生まれた「東北ずん子」が、新たな展開を迎える。
ボーカロイド化実現のための目標額は、30日間で500万円となっている。

「東北ずん子」
(c) 2013 SSS LLC.

› クラウドファンディング 特別編集

「グリザイア」3部作の英語版のためのクラウドファンディン…
「バスカッシュ！」のロマン・トマも参加　Kickstarterにアニ…
76歳！伝説のアニメーター・木村圭市郎 Kickstarterで新プロ…

編集部にメッセージを送る

「東北ずん子」のデザインモチーフは東北名物の「ずんだ餅」で、キャラクターデザインは江戸村ににこさんが担当した。2011年10月から東北を支援する版権フリーのキャラクターとして誕生した。東北に本社を置く企業や東北を応援したいクリエイターであればイラストなどを事前申請無しに無償で利用出来る。
2012年1月にはボイスロイド化を目指した東北ずん子ファンドが設立されている。ユーザーの支援を受けて5月に満額の450万円を集めるのに成功した。仙台出身の声優・佐藤聡美さんを声優に迎えて9月に商品化が実現している。

また今年2月にはMMDモデルで再びユーザーからの支援を募って満額の57万円を集めている。これらを利用してユーザーが制作したムービーは、ニコニコ動画にて500万再生を突破する人気となっている。そうした実績から、ボーカロイド化に着手することになった。

今回利用するクラウドファンディングサービスのAnipipoは、アニメーション業界で新しい試みをしようとする起案者とファンをつなぐ目的で今年設立された。「東北ずん子」ボーカロイド化のほかに、『サンタ・カンパニー』、『ABC of Akari』、『PONPON PIPOPO』といったアニメ3作品が支援を受け付けている。

「東北ずん子」ボーカロイド化
http://www.anipipo.com/Project/Detail/6
「東北ずん子」
http://zunko.jp/

《真狩祐志》

（参照）株式会社イード／アニメ！アニメ！編集部

「プレスリリース」とは、どんなプロジェクトなのか具体的な内容を示す文章のことです。よく大手企業が新商品を発売するときなど、ホームページで発表している「ニュースリリース」と同じようなものです。

取り上げてもらいやすい「プレスリリース」の書き方については、Chapter5でお話しします。

クラウドファンディングは告知効果が非常に高く、1つのネタで3回ニュースに取り上げられることもあります。

≫1回目：スタート時

クラウドファンディングで資金調達を始めるタイミングで、ニュースとして取り上げてもらえることが多い。報道されると、拡散し、そこから見てくれる人が増え、資金調達につながる。

≫2回目：目標達成時

資金が集まったとき、面白いものであれば掲載される可能性がある。

3回目：プロジェクト完了時

プロジェクトが完了して、成果物ができたときにニュースになることがある。

実際、「東北ずん子ボーカロイド化」は、3回すべてのタイミングでニュースとなりました。

ちなみに通常は1つのネタで1回のみ。商品やサービス等を「発表した時点」でしか取り扱ってくれません。

3回もニュースにしてもらえれば大きな告知効果が期待できます。

これまで顧客ではなかった層にも広がりますし、もともと顧客だった人に「自分はもっと前から目をつけていた」と、優越感を持ってもらうことにもつながります。

今後のためにも、プレスリリース配信は必ず行うようにしましょう。

調達法⑧SNSの活用

ユーザーの疑問・質問に素早く回答して信頼を得る

クラウドファンディングで支援を考える際、人はいろいろな疑問を持ちます。

「本当に完成できるの？」

「企画者は信頼できるの？」

「プロジェクトの内容を読んでもわからないことがあるんだけど……」

東北ずん子のプロジェクトでも、ユーザー（支援者や支援予備軍の人たち）から様々な疑問・質問が持ち上がりました。このプロジェクトではツイッターを運用していたので、ツイッター上で質問に対して回答していく形をとりました。

たとえば「前は違うクラウドファンディング（業者）を使っていたのに、どうして変更

SNSを活用するメリット

クラウドファンディングは「新しいチャレンジ」であることが多いので、ユーザーから様々な疑問が出てくる。

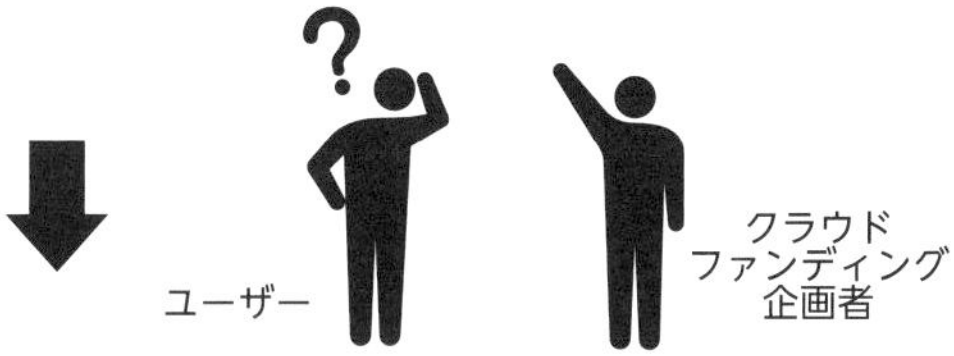

ユーザーの疑問に回答することで、信頼関係が生まれて支援が集まりやすい。

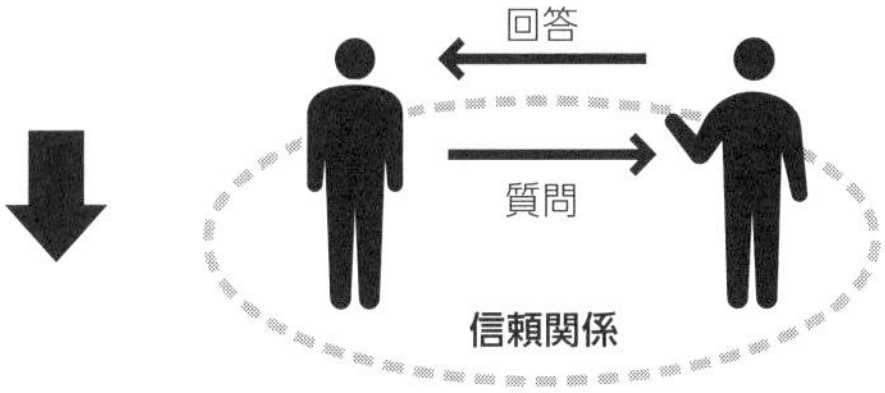

ユーザーとのやりとりを行うために、facebookやTwitterを利用するとよい。また、拡散効果も期待できる。

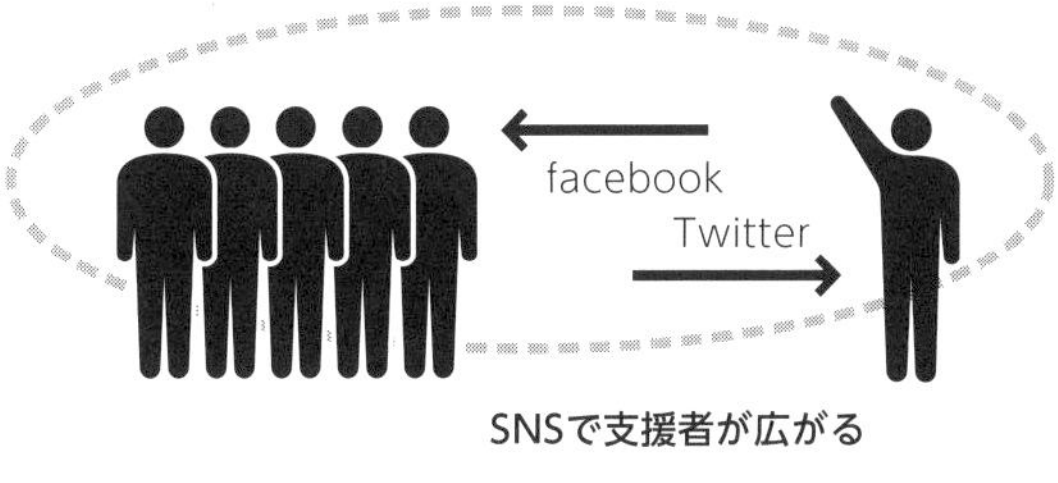

したのか？」とか「決済の方法がわからない」といった疑問もありました。

質問があるということは、「支援したいんだけど、引っかかっている」ということです。


この〝引っかかり〟を素早く解消することで、支援してもらいやすくなります。


それにはＳＮＳの活用がオススメです。

投げかけられた疑問・質問に迅速に回答すればいいだけだからです。

また、詳細な説明をＳＮＳ上で行うことで、「質問する」という積極的アクションを起こすまでに至らないユーザーの疑問も解消できます。

「決済の方法がわからない」という質問に対しては、簡単なマニュアルをつくって送付しました。

こうした細かい対応をすることで「ユーザーに信頼してもらえる」ことができて、結果的に大きな支援につながったのです。

回数を重ねるほど効果が上がる

ここまで述べてきた8つの調達法にのっとって、東北ずん子のボーカロイド化プロジェクトは500万円超を集めることができました。

やってきたことの1つひとつは、特にむずかしいことではありません。重要なのは、これらを怠らず、積み重ねることです。

東北ずん子プロジェクトでは、ほかにも様々なクラウドファンディングを行っており、合計6000万円超を支援してもらっています。

よく誤解されるのですが、「クラウドファンディングで支援してもらうのは一度だけ」と考える必要はありません。

魅力的なプロジェクトを起案し、それが実現されると、新たにファンとなってくれる人が少なからず現れます。

その「ファン」は、自分が応援しているプロジェクトの企画者が、次に何かクラウドファンディングを行うときに、ふたたび支援してくれる可能性が高いです。

これは、東北ずん子プロジェクトで実感したことでもあります。

我々が、少額な支援から高額な支援を繰り返し、同じプロジェクトで合計6回のクラウドファンディングを行ったのは、複数回に分けて支援をお願いすることで、ファンがどんどん増え、資金調達も多額のものが可能になると見込んだからでした。

実際、東北ずん子のファンは、クラウドファンディングの回数を重ねるごとに増えています。

やればやるほど効果が上がるのがクラウドファンディング。

あなたの夢や目標を実現したいと思うなら、回数にこだわらず、何度でも挑戦すればよいのです。

Chapter 3

クラウドファンディングを成功させる7つの法則

成功しているクラウドファンディングの共通点

クラウドファンディングを成功に導くには、どうすればいいのか。

このChapterでは、我々が合計6000万円超集めるのに成功した経験に加え、様々なクラウドファンディング成功事例を分析して得た「成功の秘訣」をお話ししていきます。

アメリカのクラウドファンディングサイトKickstarterでは、成功プロジェクトと失敗プロジェクトを分析し、その要因をデータで公開しています。そのデータを参考に考えていきましょう。

データだけではわかりにくいので、そこから読み取れるポイントを抜き出してみたのが、97ページの表です。

クラウドファンディングで成功するポイント

【低価格のリターンが大事】

20ドル以下のリターンがないプロジェクトの成功率は28%
20ドル以下のリターンがあるプロジェクトの成功率は45%

【募集期間は1か月以内がオススメ】

30日以内の期間で終了するプロジェクトが最も成功率が高い

【動画作成すると効果的】

動画を作成したプロジェクトは50%の確率で成功
作成していないプロジェクトは30%の確率で成功

【達成率60%を超えればほぼ成功】

失敗プロジェクトのなかで達成率60%を超えているのは6%
60%を超えると勢いがつき、ほとんどのプロジェクトが達成

【達成率20%を超えれば成功の可能性大（初速が重要）】

失敗したプロジェクトのなかで、達成率が20%以下であるプロジェクトは約80%

参考：https://www.kickstarter.com/help/stats
https://www.kickstarter.com/blog/categories/data

この情報を見ると、

「とても単純なことで成功率が変わってくる」ことがわかります。

20ドル以下のリターン、つまり2000円以下のリターンがあるなしで、成功率が大きく違ってくるのです。

成功するためのノウハウは、ほかにもあります。

次の項目から、ポイントを1つずつ見ていきましょう。

このノウハウを使いこなせば、
1000万円や1億円の資金調達も夢ではありません。

成功法則①

たとえ500円の支援でも必ずリターンを用意する

20ドル以下のリターン、つまり2000円程度以下のリターンがあるかないかで成功率が15%以上変わってきます。

日本では500円のリターンを必ず設定すること、と決めているクラウドファンディングサイトもあります。

なぜ、低価格のリターンが必要なのでしょうか？　答えは簡単です。

低価格のリターンがあると「検討」してくれる人の数が圧倒的に増えるからです。

５００円から支援できるとなると、その気軽さから「まあ、５００円なら考えてみようかな」と前向きに検討しようという気になります。

ここでキーになるのがリターンです。

「せっかく支援するなら、もっとまともなものが欲しい」
「でも５００円だと、まともなものがもらえない」

考えてみれば当たり前。モノを送るだけで５００円なんてすぐに超えてしまいますから。

実際、５００円の支援に対してのリターンは、モノではなくデータが多いようです。

お礼メールであったり、秘蔵の画像をこっそり公開するものであったり。モノを送るわけではないので、送料などの追加の費用はかかりません。

支援者に「５００円じゃリターンがつまらない」と感じさせるところがポイントです。

「５００円のリターンはたいしたことないから、５０００円入れてみようかな」

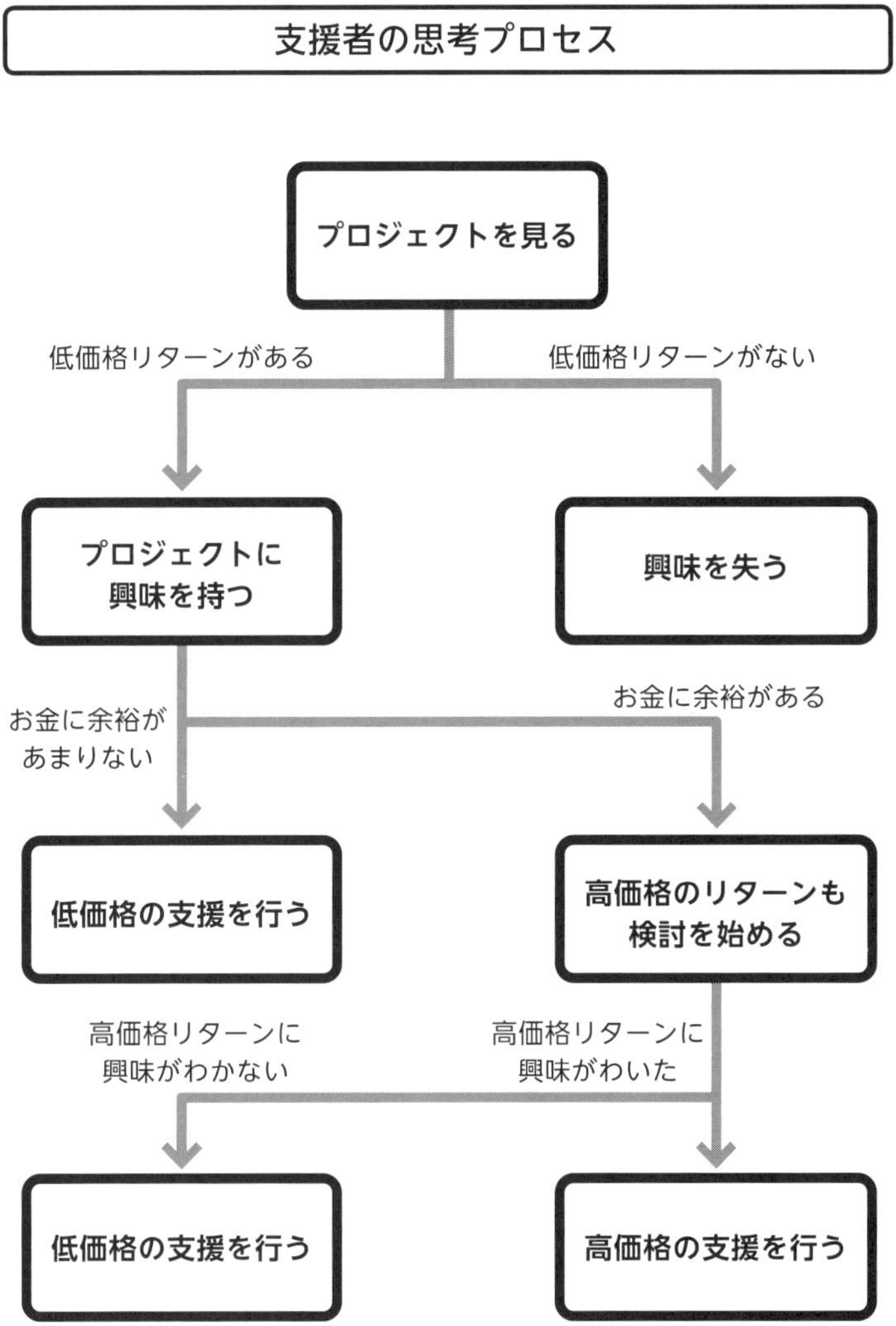
支援者の思考プロセス
プロジェクトを見る
低価格リターンがある
低価格リターンがない
プロジェクトに興味を持つ
興味を失う
お金に余裕があまりない
お金に余裕がある
低価格の支援を行う
高価格のリターンも検討を始める
高価格リターンに興味がわかない
高価格リターンに興味がわいた
低価格の支援を行う
高価格の支援を行う

「あのリワードが欲しいから、もう少しお金を払ってみるか……」

と思考が変化していくことで、高額の支援をしてくれます。

つまり、500円がエサになるというわけです。

このように、低価格なリターンをつくっておくことで、高額の支援者が増えるのです。

成功の鉄則ですから、覚えておいてください。

クラウドファンディングを理解していない人は「500円を100人集めても5万円にしかならないじゃないか」と言いますが、よくわかっている人は、こう言います。

「500円があるから高額の支援が集まる」

小さいけれども確実に効果が出る法則がこれ。

低価格リターンは必ず設定するようにしましょう。

成功法則②

募集期間は1か月以内が鉄則

意外に思われる人もいるかもしれませんが、

支援の募集期間は3か月よりも、短い1か月のほうが成功しています。

これは、クラウドファンディングの特性と大きく関係しています。

クラウドファンディングで支援が増えるタイミングは、たった2回しかありません。

1回目は、プロジェクトを公開して資金調達を始めた段階。

2回目は、支援募集が終わるタイミング。

プロジェクトの支援期間を長く取ると、この最初と最後のタイミングが離れすぎて間延びしてしまうのです。

1か月以内にすると、間延びしなくてすみます。

実際に、私も募集期間3か月のプロジェクトを起案して実行したことがあります。

運よくお金は集まりましたが、3か月のうちお金が集まった期間が、最初と最後に集中していました。

また、期間が長かったために、ユーザーさんのテンションが落ちてしまいました。

テンションが落ちるとは、「クチコミをしてくれなくなる」ということです。

クラウドファンディングの面白いところは、

人がお金を支援するだけではなく、ツイッターやフェイスブックなどでも「応援」してくれること。

その応援のおかげで、クチコミが発生し、盛り上がり、いろいろな人に届いていきます。

こう考えてみてください。

募集期間の長さと成功率

募集期間

1か月以内

最初の段階でお金が集まり、その勢いを維持したまま終わることができるため、資金調達が成功しやすい。

1か月以上

最初にお金は集まるが、その後、勢いを失ってしまい、結果的にお金が集まらないまま終わってしまうことが多い。

↓

プロジェクトの資金調達期間は
1か月以内がベター！

好きな野球チームやサッカーチーム、もしくは好きなスポーツ選手がいる。

その試合が明日に迫っていたら、応援する気持ちも強くなりますよね。

試合当日は、しっかり応援しているはずです。

でも、次の試合が半年後だったら？

なんとなく応援はするけれど、頭の片隅に残っている程度になってしまうのではないでしょうか？

募集期間が長いプロジェクトはこの「頭の片隅に残る程度」になりやすいのです。

しっかりと応援してもらうには「期間を短く」することによって「熱狂」を下げないようにすることが大事。


「募集期間は1か月以内にする」

クラウドファンディングを成功させる法則の1つです。

成功法則③
動画のあるプロジェクトの成功率は50％

画像のあるなしで成功率が変わるとお話ししましたが、動画があると、さらに成功率が高くなります。

たとえばKickstarterでは、動画の有無で成功率が20％も違っています。

動画のないプロジェクトの成功率は30％止まり。

動画なしの3つのプロジェクトがあった場合、そのうち1つが成功するかどうか……、というかなり難しい状態になるのです。

対して、動画のあるプロジェクトの成功率は50％。

2つのうちの1つは成功するという、なかなかよい確率です。これほどまで差が出る理由は何でしょうか？

人は文字だけのものを読むのは、とても面倒だと感じます。しかも、クラウドファンディングは「新しいチャレンジ」が多いので、内容を理解するのも大変。時間もかかりがちです。

動画があると、文章からイメージして理解する必要が軽減され、「直感」や「感情」で、よいプロジェクトかどうかを判断できるようになります。つまり、

動画がないプロジェクトは「理屈」で判断される。動画のあるプロジェクトは「直感・感情」が判断軸に追加されやすくなるのです。

多額の支援を集めたプロジェクトの動画を見ると、かなりリッチな制作になっています。お金をかけて動画をつくることでユーザーには、

「本気度」が伝わります。

動画制作で成功率アップ！

	成功率
動画ありのプロジェクト	50%
動画なしのプロジェクト	30%

↓

手間をかけることで「信頼」が生まれる
動いているものを見ると「安心」して支援できる

動画を制作するのは手間はかかりますが、クラウドファンディングを成功させたいならば、できる限り制作するようにしましょう。

ちなみに、写真をたくさん準備して動画をつくると、それほどお金はかかりません。5〜7万円程度で〝外注〟することが可能です。

外注の仕方については次のChapterで解説しますが、5〜7万円の投資で支援が集まりやすくなると考えると、安い投資だと思いませんか？

小さいプロジェクトの場合は動画作成予算を確保できないこともあるでしょうから、省略も仕方ないでしょう。

しかし、多額の支援を集めるプロジェクトであるなら、動画は必須と考えておいてください。

成功法則④
達成率60%を超えたら奥の手を使う

これはノウハウというより単純なデータですが、達成率が60%を超えたプロジェクトは、ほぼ成功します（Kickstarter 参考）。

失敗したプロジェクトで達成率60%を超えているものは、たったの6%しかありません。

なぜ60%を超えるとほぼ成功できるのかというと、「人は勝ち馬に乗ろうとするもの」だからです。

特に「自分のお金が大きな影響を与える」と感じ始めるのが60%を超えてからです。

できれば、「目標額を達成する直前にお金を入れたい」と思っている人は少なくありません。

なぜなら、「自分の支援のおかげで世の中が面白くなった、世の中がよくなった」と感じたいからです。実際、お金を入れてくれる人のおかげでクラウドファンディングは達成する仕組みですから。

自分のお金がしっかりと役に立つ。
そう感じやすくなるのが60％を超えたプロジェクトなのです。

加えて、60％を超えたプロジェクトが成功する理由はもう1つあります。

「一度お金を入れてくれた人にお願いをする」という、奥の手です。

ギリギリでお金が足りなさそうなときに、すでに支援してくれた人にお願いをすると、「せっかく参加したプロジェクトをつぶしたくない」と、もう一度支援してくれることが多いのです。

こうしたありがたい支援者がいてくれるおかげで、60％を超えたプロジェクトはほぼ成功しています。

失敗プロジェクトと達成率の関係

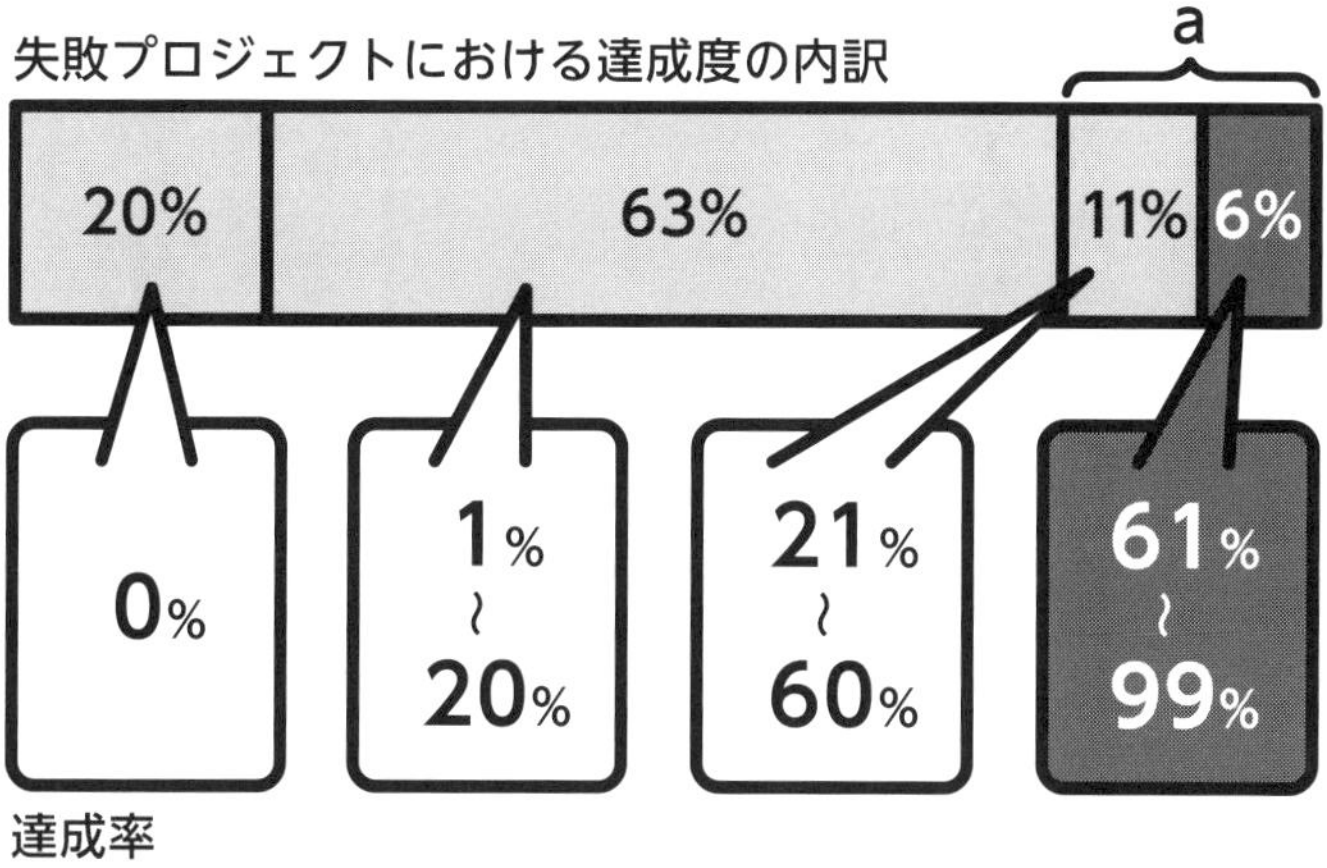

達成率が60%を超えたプロジェクトは
失敗全体の中のたったの6%

達成率が20%を超えたプロジェクトの
失敗全体の中の17%（a）

つまり……

達成率が
20%を超えると応援してもらいやすくなり、
60%を超えるとほぼ失敗しない

成功法則⑤
初速で20％を超える仕掛けをつくる

もう1つ、うれしいデータがあります。

達成率が20％を超えたプロジェクトは、17％しか失敗していません。

失敗プロジェクトの大半は、支援金がほとんど入っていない状態で終わるのです。

つまり、20％以上集めれば、かなりの確率でプロジェクトは成功します。

早い段階で20％以上が集まるように準備しておけば、成功率を飛躍的に上げることができるのです。

初速をつけるために、やるべきことがいくつかあります。

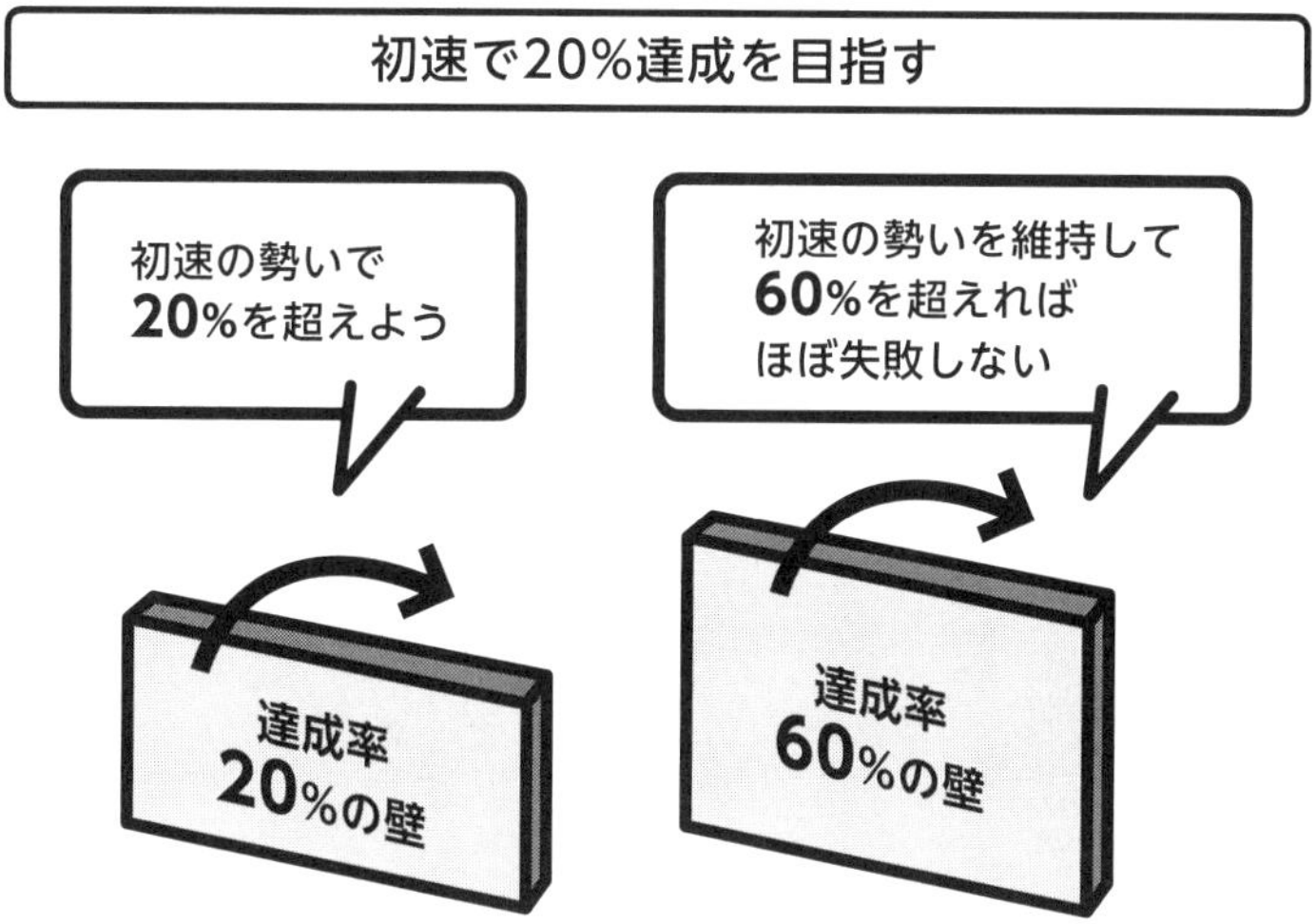
初速で20%達成を目指す
初速の勢いで
20%を超えよう
初速の勢いを維持して
60%を超えれば
ほぼ失敗しない
達成率
20%の壁
達成率
60%の壁

たとえば、事前の告知。

支援を募集する前から告知をし、始まったと同時に、お金を入れてもらえるように準備をしておけば初速が伸びやすくなります。

いきなりプロジェクトを立ち上げてビックリさせるよりも、告知してファンにも心の準備をしておいてもらい、最初に確実にお金が集まるようにしておく。

これだけで、かなり成功率が上がります。

早期特典をつけるのも効果的。

リワードに「20名様限定、早期割引」とか「20名様限定、早期特典あり」というような特典を用意すると、「うまくいきそうだったらお金を入れよう」と考えている人たちが早めに支援してくれます。

そして、早い時期に20％を超えてしまえば、いろいろな人が注目してくれるようになる。「面白いプロジェクトがある」とブログやフェイスブック、ツイッターで紹介し、それが口コミで広がっていきます。

そうやって最初の20％を早い時期にクリアしておくと、応援してくれる人たちがいるおかげでぐんぐん支援が集まっていくのです。

「クラウドファンディングでお金が集まるタイミングは最初と最後」と述べました。最初に20％を超えるための仕掛けをする。クリアできれば、ほぼ目標達成といえます。

逆に早い時期に20％を超えなければ、そのまま〝熱〟がさめてお金が集まらないままに終わってしまいます。

勢いを消さないように、残り5日までに60％を達成できるようにする。

初速のつけ方はのちほどお話ししますが、早いうちに20％を超えておき、60％達成までもっていく、ということを数値目標として頭に入れておいてください。

成功法則⑥
失敗事例を研究する

ここまで見てきたなかで、クラウドファンディングの成功と失敗を分ける要素は何か、理解できたのではないでしょうか。

成功しているクラウドファンディングは、「初速がある」ものです。

最初にお金が集まる。

そのお金が口コミを呼び、支援者がほかの支援者を呼び、成功につながります。

逆に失敗しているクラウドファンディングの多くが、初速でお金を集めるのに失敗しています。

実際に、失敗したプロジェクトオーナーに取材してきたので、紹介しましょう。

プロジェクト名は、**「2次元キャラともっとふれあいたい。新型デバイス『おっぱいコ**

ントローラー』プロジェクト」。

「おっぱいコントローラー」とは、「おっぱいマウスパッド」を進化させたものです。おっぱいマウスパッドというのは、マウスパッドに女性のイラストを描き、手首を置くところに女性の胸の膨らみをつけたもので、一時期大ブームになりました。

このおっぱいマウスパッドの顔の部分をiPadなどのタブレットにして表情が変化するようにし、マウスパッドの機能をばっさりとなくしてしまったのが、おっぱいコントローラーです。

胸の部分をさわるとセンサーが反応して、顔が表示されているタブレットが反応し、表情が変わったり、声が出たりするというオタク向けの商品企画です。

アイデアは個性的でよかったように思うのですが、クラウドファンディングは失敗。

いったいなぜでしょうか？

じつはこのパッド、公開当初はものすごい話題を呼ぶことに成功しました。

ＩＴ系のニュースサイトに掲載され、ツイッターでも拡散し、おっぱいコントローラーの説明をした動画やサイトにもアクセスが集まりました。

公開当初は話題になったのだが……

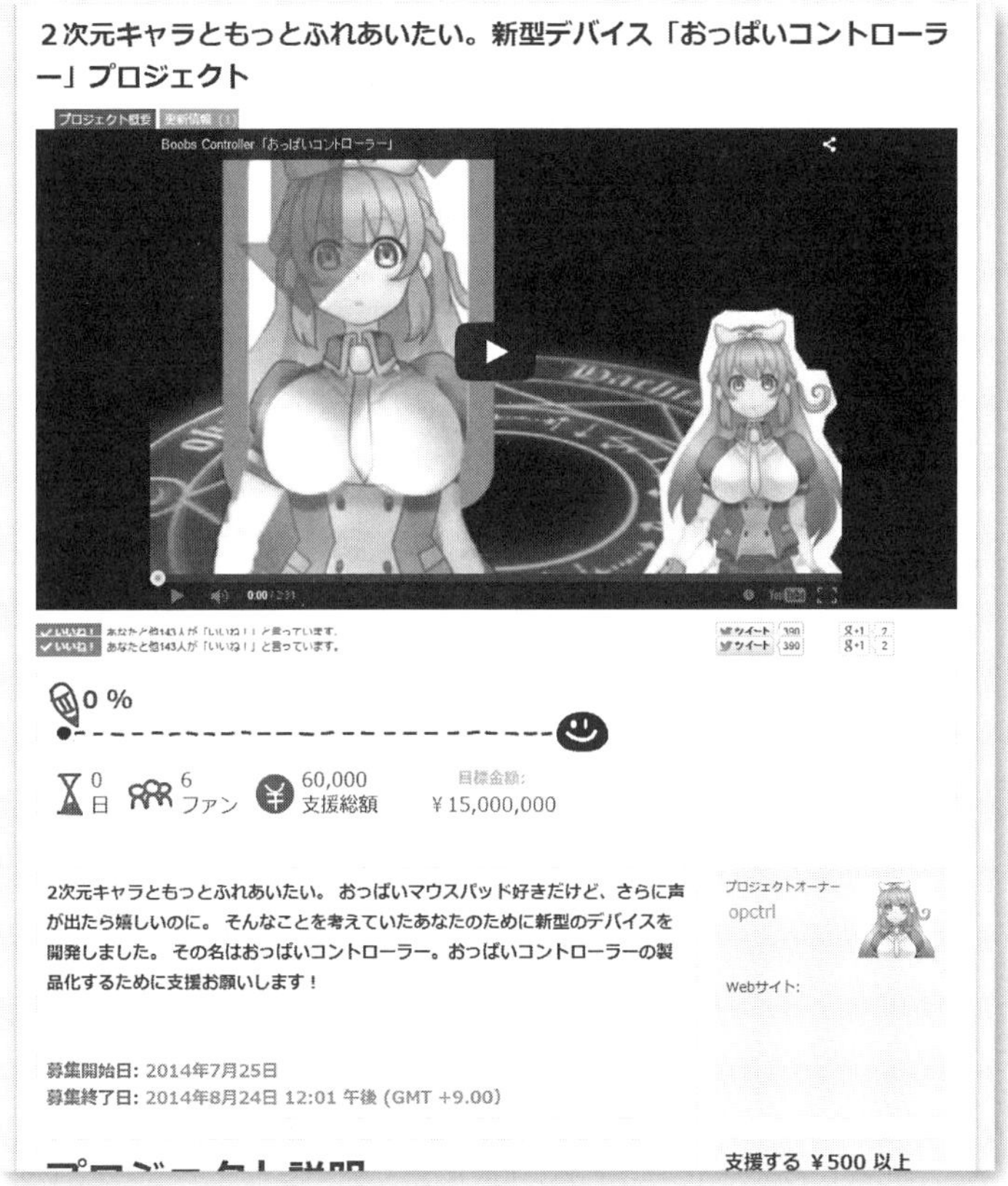

なのに、プロジェクトは失敗に終わりました。
目標額1500万円に対し、6万円しか集まらなかったのです。
このプロジェクトのオーナーopctrl氏はこう振り返っています。

「話題を呼んだのはいいのですが、それだけではお金が集まりませんでした。たぶん最初に100万円くらい入れてくれる仲間をつくっておけば、勢いも出て成功したと思うのですが……」

「ツイッター上では『欲しい』という声がたくさんありました。それでも躊躇《ちゅうちょ》されたのは、**最初の時点でお金が集まっていなかったために、みんなに『無理そうだ』と感じ取られたのだと思います**」

実際にプロジェクトの解説ページを見ると、プロダクトは変態チック（笑）ですが、中身はしっかりしたものであることがわかります。

また3Dモデルの制作画面や、プログラム開発の画面などがプロジェクトページで紹介

プロジェクト内容はよいのになぜ失敗したのか？

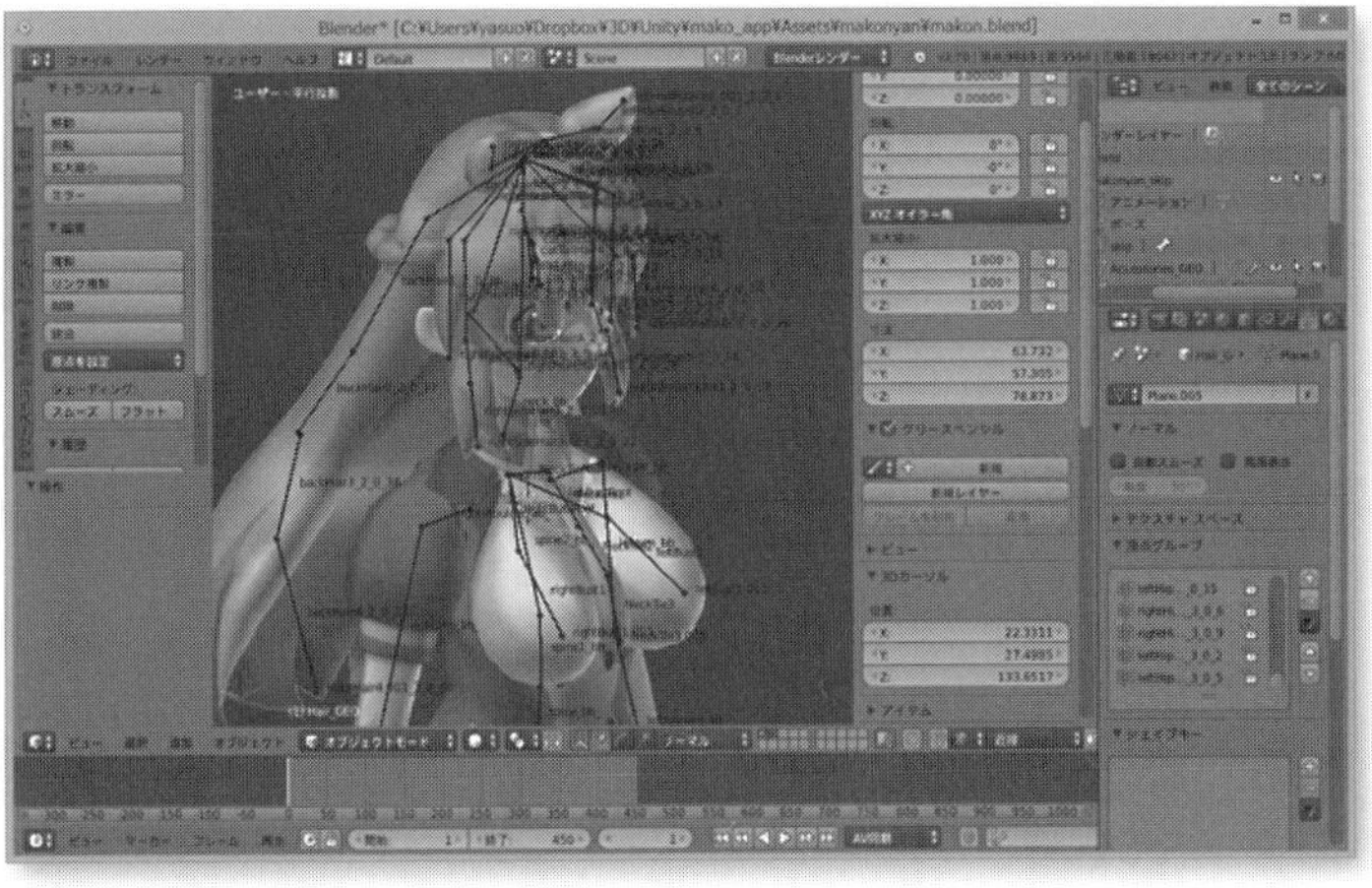

されており、ある程度信頼がおけるものになっていました。

動画もあり、実際にプロダクトが動いている様子も見ることができます。

ですが、〝初速が命〟のクラウドファンディングで、早い段階で失速してしまったために失敗してしまったのです。

opctrl 氏は次のようなことも言っています。


「今回は失敗してしまいましたが、別にこれで何か失うわけでもないので、まあ凹《へこ》みましたが大丈夫です。海外のクラウドファンディングプロジェクトに持っていくことも考えているので、なんとかしてみます！」

クラウドファンディングは「失敗しても損をしない」。

負担が少ないのがこの仕組みのメリットだと、opctrl 氏は教えてくれます。

「Indiegogo（アメリカのクラウドファンディングサイト）なら日本人でも気軽に海外クラウドファンディングが使えるみたいなので、ここを使った新しい展開を準備しています。楽しみにしていてください」とのことでした。

じつは、opctrl氏に、もう1つだけ尋ねてみたことがあります。

「どうして本名を使わなかったのですか」

次のような回答でした。

「普段働いているため、そちらの業務に影響が出ては問題なので、別名義でやらせていただきました。本名を出したほうが信頼が生まれて、初期段階でお金が集まりやすかったかもしれないとも思いますが……」

「ただ、本名を出さないことで、まったく普段の仕事に傷がつくことなく、また恥ずかしい思いもすることなく（笑）、クラウドファンディングでチャレンジできたのはよかったです」

ここも学ぶところが多いですね。

プロフィール欄に、必ずしも本名が入らないというのもよいところです。

たとえば先日も、ソニーがクラウドファンディングで、あるガジェットの資金調達をしたのですが、あえてソニーの名前を出していませんでした。

ソニーの名前を出さずに資金が集まるか、テストマーケティングとしてやったのです。

結果は目標額を達成し、その後にソニーが「うちがやりました」と発表しました。

「あえて名前を出さずにチャレンジする」ことができるのも、クラウドファンディングのメリットといえます。

ちなみに、私がクラウドファンディングの講演をすると、参加者の方から次のような質問をよく受けます。

「失敗したらどうなるの？　支援者の信用がなくなるのでは？」

こうした心配を払拭するために、クラウドファンディングは本名でなくてもプロジェクトを立ち上げられるように設定されているのです。

失敗のリスクを軽減したい方は、本名ではなく、プロジェクト専用の名前をつくってプロジェクトを起案するといいでしょう。

成功法則⑦
ウケる企画は「面白い」「新しい」「ファンがいる」「役に立つ」もの

それでは、実際にクラウドファンディングの企画を一緒につくってみましょう。
クラウドファンディングで「ウケやすい企画」には共通項が4つあります。

①面白いこと
②新しいこと
③ファンがいること
④世の中の役に立つこと

この4つの要素のどれかに当てはまる企画にすれば成功しやすいということです。
ここはとても大事なところなので、1つひとつ見ていきましょう。

①面白いこと

「面白いこと」とは、ファンドに参加したらワクワクするような企画です。

たとえば以前、**「『赤ずきん』をイメージしたアイシャドウを製品化したい」**というプロジェクトがあり、1000万円以上集まりました。

新しい技術があるわけでもなく、モチーフも赤ずきん。すべて、昔からあるものです。

それでも、「あれ、私って童話の世界にいけるの⁉」と、女性にワクワクしてもらえた。

だから、アイシャドウに1000万円以上が集まったのです。

「作家と一緒にみんなで本をつくる」というプロジェクトもありました。

こちらは160万円集まりました。

ではこの時、お金を出した人の気持ちを考えてみてください。

「俺の考えた内容が本になるの⁉　それってすごい！」

こう思って、お金を出したことでしょう。

昔から、ユーザーを巻き込んで新しいものをつくることはたくさんありました。

それこそ、商品開発はメーカーなどの企業が日常的にやっていることです。

資金が集まりやすいクラウドファンディング企画

①面白いこと

興味がわくもの、楽しくなるもの、ワクワクするもの
…etc

②新しいこと

新商品、これまで見たことのないもの、見たらびっくりさせることができるもの、新しいチャレンジ
…etc

③ファンがいること

アーティストなどにファンがついていること、ファンコミュニティがあること
…etc

④世の中の役に立つこと

子どもが喜ぶこと、災害の復興、お年寄りが喜ぶこと、環境によいこと
…etc

以前は企業側がユーザーに謝礼を払って行うのが当たり前でしたが、今は「お金を提供してくれるやる気のあるユーザーさん、一緒に商品開発しましょう」と呼びかけ、お金を集める時代になったということです。

ユーザー自身がお金を出すことで参加意識を持てるのがクラウドファンディングの世界。

この参加意識を使えば、ワクワクした企画をつくることができます。

「中野の駅前広場で屋外ＤＪイベント『Re:animation 7』を開催する！」というプロジェクトでは、３７０万円が集まりました。

ワクワクするイベントには、お金を出してもいい、参加したい！　と思いますよね。

実際、ワクワクした人がたくさんいたので、お金が集まったというわけです。

イノシシ牧場をつくる、というプロジェクトでは５８００万円が集まりました。

イノシシとふれあいたい、ですよね！

このプロジェクト、毎年赤字を５００万円出している動物園「東筑波ユートピア」が起死回生をかけてやったプロジェクトです。

目標額４０００万円を見事に超え、本当に起死回生の一手を打つことができたのです！

なにより、みんながイノシシとふれあえる新しいワクワクする場所が生まれることになりました。

このように「楽しいこと」を演出すると、クラウドファンディングはうまくいきます。

企画を立案するときは、

「楽しいこと、ワクワクをつくれないか」と考えてみましょう。

②新しいこと

成功しやすいクラウドファンディングのジャンルに、「新商品」があります。

クラウドファンディングに興味がある人は「新しいものに興味を持っている人」がとても多いです。

家電量販店やホームセンターなどで、変わったものを探している人、いますよね。ああいう人がクラウドファンディングの支援者に多いタイプです。

クラウドファンディングには変わったもの、ヘンなものがよく集まっているからです。

「柄が変わる電子ペーパーウォッチ『FES Watch』は、時計の文字盤が電子ペーパーになっていて、時計を見る動作をすると、文字盤とベルトの柄が変わって時刻が浮かび上がります」

どうでしょう？　なんだか新しいと思いませんか？　持っていたら、珍しくて自慢できますよね。

実際、このプロジェクトには2700万円以上が集まっています。

時計の文字盤を電子ペーパーにした。それだけでみんなが「新しい！」と思い、積極的に支援をしてくれるのです。

スマートフォンでドアの鍵を開けるプロジェクト**「世界最小！『Qrio Smart Lock』で世界中の鍵をスマートに」**でも2500万円以上が集まりました。

ドアの鍵をスマートフォンに対応したら、ラクになるのでしょうか？

アプリが必要なので、鍵の前でスマートフォンを取り出す手間があります。

これって鍵を取り出すのと変わんないじゃん、と思う人がいるかもしれません。

しかも、スマートフォン対応のために電池が必要です。つまり、定期的に電池を入れ替える必要もあるため、もしかすると、より面倒かもしれません。

それでも、新しいことにチャレンジしてみたい。それが人間です。

スマートフォンで鍵の管理をするので、人に鍵を貸すこともできます。


こうした目新しい企画をクラウドファンディングで行うと、たくさんの人が「それ欲しい」「試したい」と集まり、お金を入れてくれます。


新しいものが好きな層は「新しいものを買って失敗すること」に慣れているので、たとえ実用的にはあまり使えないものであっても、笑って楽しみます。

「新しいヘンなの買ったんだけど（笑）」と自慢できれば、彼らにとってはそれで十分、元は取れるのです。

スマートフォン対応の鍵の仕組み、スマートロックはその後一般的になり企業などでも導入が進みました。

鍵の貸し借りができて、入退室管理ができるので従業員用の鍵として普及したのです。

このようにクラウドファンディングがキッカケで大きなビジネスが生まれることも増えてきました！

③ファンがいること

一見ハードルが高そうに見えるのが、この「ファンがいる」というクラウドファンディングの成功法則。

アイドルやアーティストなど著名人が企画を立ち上げると、高い確率で成功します。

高額支援のリターンに「1日デートします」なんて入れようものなら、一瞬でその高額支援の枠が埋まってしまうほどです。

たとえば元AKB48／SDN48の佐藤由加理が実施したプロジェクトでは280万円が集まりました。

ほかにも100万円以上集めているアイドルがゴロゴロいます。

1000万円を超える規模になりにくいのは、「1日デート券」はたくさん配れないからでしょう。

ファンがいる人、モノ（ジャンル）は成功しやすい

「自分のファン」をターゲットにする

- アイドルの場合、直接触れ合えることをファンが熱望しているため、対面できるものだと特に支援が集まりやすい

  ex ▶「1日デート券（マネージャー付）」（30万円で募集したところ1日で売り切れた）、コンサートチケット（ファンからするとチケット予約の延長線）　など

- ファンは常に「応援したい」と思っているが、「何をすればいいのかわからない」ことが多い。「○○をしたいから支援して」と提案されるとうれしく感じ、「かなえてあげたい」と支援が集まりやすい

「ジャンルのファン」をターゲットにする

- もともとファンが多い分野の場合、楽しい、面白い提案ができさえすれば、共感した人が支援してくれるので、支援を集めやすい

  ex ▶鉄道、ボードゲーム、ヨーヨー、日曜大工、アロマテラピー、ダイエット、キャラ弁（キャラクター弁当）、ネイルアート、家庭菜園　など

- ニッチな（狭い）分野の場合、ニッチであればあるほどファンが「新しいもの、便利なもの、楽しいもの」を望んでいるため、これまでなかったような新しい提案が喜ばれ、支援も集まりやすい

  ex ▶鉄道時刻表の復刻版、高精度なアルミニウム製ヨーヨー　など

- コミュニティができているジャンルは話が広がりやすいので、口コミ効果による支援が集まりやすい

カードゲーム制作のプロジェクトで約10億円集めた、という事例もあります！

スマホのゲームとかではなく、普通にトランプのようにカードで遊ぶゲームです。

テーブルゲーム好きのユーザーは世界中にファンがいます。ファンがいるからこそこの金額が集まるのです。


ファンがいれば、そのファンからの支援に期待できるので、失敗のリスクが少なくプロジェクトを企画できます。


「俺にはファンなどいないから関係ない」と思った人がいるかもしれません。

でも、現時点で自分のファンがいる、いないは、あまり問題ではありません。

たとえば世の中には様々な「ジャンル」があります。

それらのジャンルには一定数のファンが必ずついています。

たとえば、「日本刀」「軍艦」「重機」「鉄道」「飛行機」「ゲーム」「洋食」「和食」「中華」「時計」「靴」「着物」……なんでもファンがいます。

海外の事例ですが、こんなことがありました。

ＦＰＳ（ファースト・パーソン・シューティング）という、銃で敵を撃つゲームがあります。このFPSは、開発するのにとてもお金がかかります。

でも、いまはスマートフォンでゲームをするのが全盛の時代。

メーカーとしても、当然、儲かるスマートフォン用ゲームをつくりたい。

しかし、つくってはみたものの失敗なんてことになったら会社自体が傾いてしまう。

そのため、FPSゲームを新しく制作するメーカーはそれほど多くありません。

このジャンルを好んでいるゲーマーたちは、新しいゲームがなかなか出てこないことを悲しんでいました。

そんななか、あるゲームメーカーが「クラウドファンディングでお金が集まったら本格的なFPSゲームをつくるよ」とやってみたところ、見事、資金調達に成功。新しくゲームをつくることができたのです。

これがファンの力です。

たとえ、自分にファンがいなくてもジャンルにファンがいればOK。

普段から1万円くらいソフト代を払っているほど、FPSゲームが大好きな男性がいたとしましょう。

ところが最近、新しいゲームが発売されないため、残念な思いをしていました。そんなときに、先程のようなゲームメーカによるクラウドファンディングが始まったら、新しいゲーム欲しさに1万円どころか、実現させるためならばと、10万円支援することも考えられます。

彼にとって、新しいゲームはそれだけの価値があるということです。


「どうしても実現してほしいから通常価格より高くても払う」という人も一定数いるのです。


特に、衰退しつつある業界の多くは新たなチャレンジがむずかしくなっています。じつはそんなジャンルこそ、クラウドファンディングが力を発揮します。

ジャンルにファンがついていて、その市場が衰退している状況は、クラウドファンディングのチャンスです。

ファンとしては、その業界に生き残ってほしいと思っているけれど、どうやって応援すればいいかわからない、という状態。

そこで、クラウドファンディングで「こういう形でお金を使って支援してください」と提案すると、ファンは「よし、俺はそれがほしいからお金を出す」と支援してくれます。

実際、伝統工芸を現代風にアレンジした商品をつくり、クラウドファンディングでうまく資金調達している人もいます。

ファンは、そのジャンルで新しいこと、面白いことが起きるのを心待ちにしています。

この本を読んでいる方も、〝○○のファン〟と自認しているものが1つや2つあるはず。

その世界でどんなことがあれば自分をはじめとするファンは喜ぶだろうかと、考えてみる。そこに大きなビジネスチャンスがあるのです。

④世の中の役に立つこと

クラウドファンディングが日本で広まり始めたのは、2011年のことでした。

あの、東日本大震災の年です。

なぜ、このタイミングでクラウドファンディングが日本で流行ったのか。

それは、「復興支援」のために多くの人が寄付をしたからです。

クラウドファンディングの多くは厳密にいえば売買契約ですが、中身はほぼ寄付、という仕組みになっています。

人は、困っている人がいると助けようとします。

特に、余裕がある人ほど困っている人を助けたいという気持ちになります。

実際、震災のあとには、いろいろな人が様々なプロジェクトを立ち上げました。

たとえば、震災のあった地域に新しい仕事をつくるために、地元の人が集まって新商品を開発するプロジェクト。

これらは普通に商品を買うより割高でしたが、多くの人がお金を出して買っていました。それがしっかりとビジネスとして根づけば「仕事」がその地域に生まれ、そして経済が回っていくでしょうし、根づくことで品質も価格もよくなっていくでしょう。

また、**「[ベガルタ仙台]東日本大震災被災地の方々1000人を、仙台で開催される試合に招待したい！」**というプロジェクトでは700万円集まりました。

復興支援は物理的なものだけでなく、気持ちも大事。仙台にホームを置くサッカーチームの試合に被災者を招待する企画にお金が集まるのは、一種のスキームになっているといえます。

「三陸牡蠣《かき》応援プロジェクト」は、1口1万円で牡蠣を予約注文できるという内容で、3億円もの支援が集まりました。

集まったお金でフォークリフトや電源ユニット、発電機、船、仮設トイレなどが、牡蠣の生産者に送られています。

クラウドファンディングは税金と違って「使われる用途」がわかりやすいのも特徴です。

海外の話ですが、19歳の少年が海洋のゴミを集める仕組みをつくるために、クラウドファンディングで資金調達しました。

現時点で200万ドル、つまり2億円以上ものお金が集まっています。

「競走馬が競馬から引退したあとに元気で生きていけるように」という目的でプロジェクトを立ち上げれば、おそらく集まるでしょう。

環境や動物のためのプロジェクトも、クラウドファンディングで人気のテーマです。

「がん患者が自分の力を取り戻すための場『マギーズセンター』を東京に」というプロジェクトでは、2000万円以上が集まりました。

マギーズセンターとは、がん患者と支える人たちのための相談場所です。

がんは多くの人がかかる病気で、身近な人をがんで亡くした経験をした人も多いでしょう。そういう人を支援したい、というのは多くの人の共通の思いです。

このように「誰かのため」というプロジェクトには善意の資金が集まります。

たとえば、ユニセフには世界中から多額の募金が集まりますよね？

これもみんなが人助けをしたい、と思っているからです。

赤い羽根に募金をしたことのある人、多いのではないでしょうか？

これも福祉の気持ちがみんなにあるからこそ成立するのです。

支援する人たちの心をいかにつかむか。そして、想いに答えるか。

それが、成功につながるのです。

Chapter 4

まずはシミュレーションで始める
成功率100%のクラウドファンディング

ステップ①コンセプトをつくる

4つの柱に当てはめて考える

ここまでで、クラウドファンディングの説明はひととおり終わりです。あとは実践あるのみです。

クラウドファンディングは、実践してはじめて成功をつかみとることができます。とはいえ、いきなり始めるのではなく、先にシミュレーションをすることをオススメします。一度シミュレーションしておくと、本番でうまくいく率も高くなります。

そこでこのＣｈａｐｔｅｒでは、一緒にクラウドファンディングのシミュレーションをしていきます。

次ページが全体の流れです。

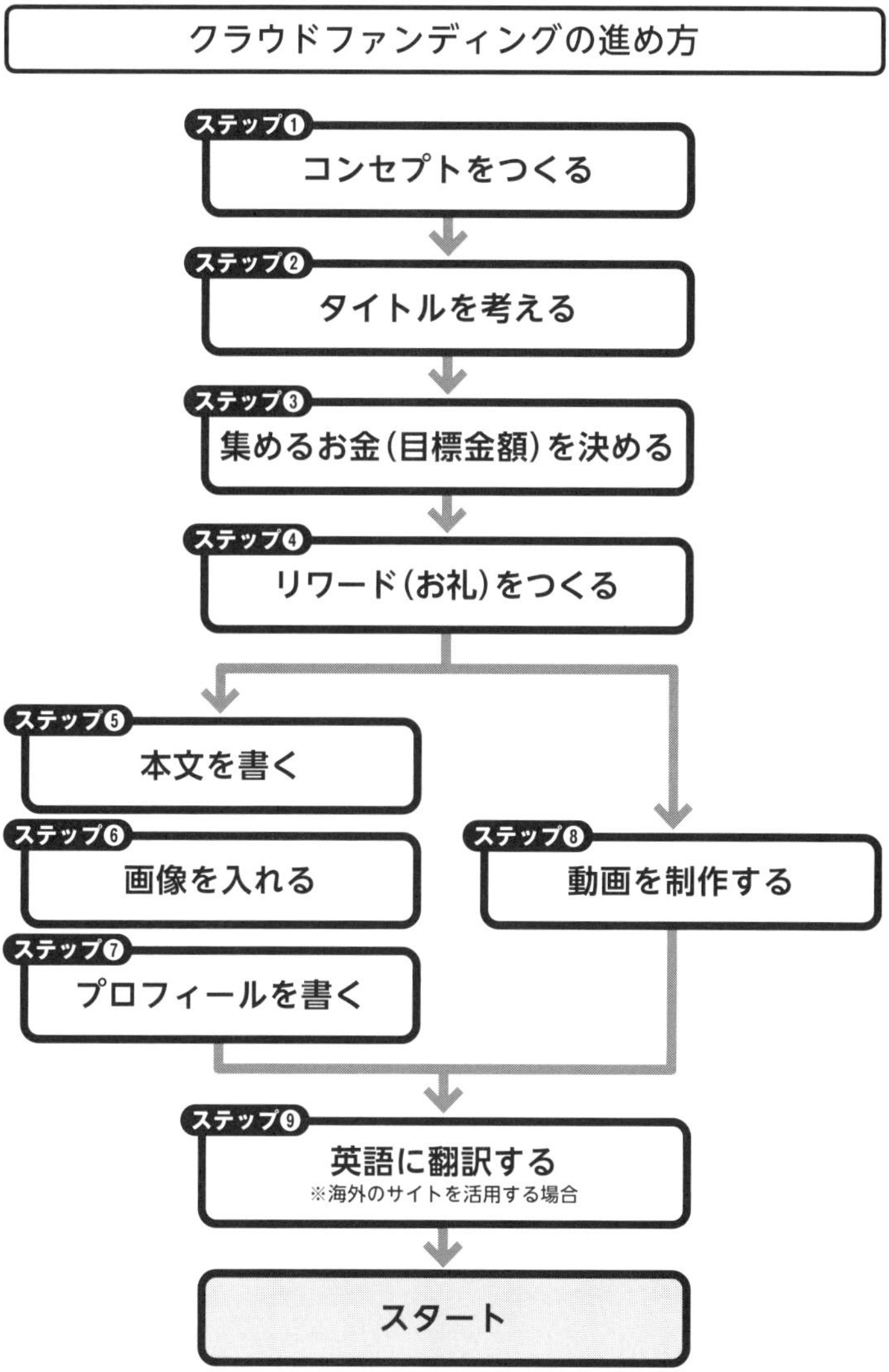
クラウドファンディングの進め方
ステップ❶
コンセプトをつくる
ステップ❷
タイトルを考える
ステップ❸
集めるお金(目標金額)を決める
ステップ❹
リワード(お礼)をつくる
ステップ❺
本文を書く
ステップ❻
画像を入れる
ステップ❼
プロフィールを書く
ステップ❽
動画を制作する
ステップ❾
英語に翻訳する
※海外のサイトを活用する場合
スタート

まずは、コンセプトづくりからスタートです。

ここでは、あなたが「自分のお店を開きたい」という目標を持っていて、そのためにクラウドファンディングを利用しようと考えたと仮定して、話を進めます。


どんなコンセプトのお店にすれば、「面白い」「新しい」「ファンがいる」「世の中の役に立つ」と思ってもらえるでしょうか。


その昔、感染症ペストが流行した後にルネサンス（Renaissance）が起こり文化が発展したように、新型コロナウイルスの流行後にも文化が発展し、多くの人が各地を訪れることでしょう。

そんな状況において、どんなお店を開いたら、お金が集まりやすいかを考えるのです。

たとえば、少し前に流行った「ロボットレストラン」はどうでしょう。

「面白そうだし、一回は行ってみたい」。そう思ったことのある人もいるのではないでしょうか。

「一度は行ってみたい」と思えるお店なら「初回無料券」をクラウドファンディングのリワード（リターン）にしてしまうのも1つです。食事の先払いになるだけなので、お金を出す側も安心です。

最近、中東からの渡航者も増えていることから、イスラム教徒が食事できる「ハラール」という基準にそった料理屋さんにするのもよいかもしれません。

海外からの旅行者をターゲットとするなら、ハラールで喜ばれるのは和食やラーメンなど、日本独特のもの（B級グルメを含む）でしょう。

旅行したときは、せっかくだから現地のものを食べたいですよね。

でも、ハラール認証を受けているレストランの多くは日本的なメニューが少ない。だったら、日本の食べ物（焼きそばでも、ラーメンでも、和食でも、すき焼きでも）をハラール対応にすることは価値があるはずだ、と考えられます。

日本食のハラール対応だと、海外向けのクラウドファンディング（Indiegogoなど）を使えばきっとお金が集まるでしょうし、お金を集めること自体が「宣伝」になって多くの人がお店に来てくれることでしょう。

ほかにも「読書のできる静かな隠れ家的料理屋」とか「パンケーキを専門にしたスイーツショップ」とか「アレルギーの人向けに小麦粉を一切使わない、米粉を使った焼きそば屋」……など、アイデアは無限です。

クラウドファンディングを成功させるためには、その中から

「面白い」「新しい」「ファンがいる」「世の中の役に立つ」に当てはまるものは何か、チェックして選び、コンセプトをつくりあげていくことです。

ここでは、「イスラム教の人も食べられるラーメン屋のオープン」をテーマにシミュレーションをしていきます。

小さなラーメン屋さんなら、居抜きで300万円くらいの予算があれば開店することができます。

そのくらいの金額ならば、集められそうです。

また、4つの基準に当てはめてみると、「世の中の役に立つこと」に該当しそうです。

ハラール対応のラーメン屋さんをつくり、イスラム教徒の人たちに日本に来てもらえる

ようにするというコンセプトは、「食文化を使った外交」といえるからです。

こんな感じで「コンセプト」を決めていきます。

単純に「ラーメン屋さんを開きたい」だと面白いとも思ってもらえませんし、新しくもありません。のれん分けでもない限りファンが最初からいるわけでもないですし、世の中の役に立つとも思ってもらえないでしょう。すでにたくさんのラーメン屋さんが世の中にあるうえに、おいしいところもたくさんあります。

しっかりとコンセプトをつくり込めば、たとえラーメン屋さんであっても「面白いこと」「新しいこと」「ファンがいること」「世の中の役に立つこと」ができるのです。

単においしいだけではない、
「何か(コンセプト)」を構築することが大切です。

ステップ②タイトルを考える

「自分がどんな幸せな未来を提供できるか」を伝える

コンセプトが決まったらタイトルを考えます。

魅力的なタイトルをつけることができれば、支援が集まりやすくなります。反対に、心に訴えかけるものが感じられないタイトルだと失敗します。

タイトルは、コンセプトをうまく表現するようなものにしましょう。

次ページに、よいタイトルの例と悪いタイトルの例を挙げておきました。

同じ内容でも、タイトル１つで印象が大きく変わってくるのがわかりますよね。

「応援したい」「支援したい」というタイトルにするには、心に響く言葉を使う必要があります。

心に響くタイトルのつけ方

×…悪い例、○…よい例

✖ クリエイターのシェアオフィスをつくりたい
↓
○ **仲間が集まって創作できる場として
シェアオフィスをつくりたい**

✖ キャラクターの歌唱合成音声をつくりたい
↓
○ **キャラクターに歌わせてあげたい！
「歌唱合成音声制作」**

✖ 新型の時計型スマートデバイスで健康管理を！
↓
○ **君が病気になる前に教えてくれる（かもしれない）
時計型ガジェット（機器）**

✖ サッカーチーム継続のために
↓
○ **子どもたちと一緒にサッカーをする環境をなくしたくない！**

✖ コンサートを開きたい
↓
○ **1000人集まる大ホールでコンサートをしたい！**

Point

→

- 目標を達成すると、「どんな明るい未来が待っているのか」をタイトルに入れることによって、多くの人が見てくれるようになる
- 支援者は夢を叶えてあげようとか、面白いものを応援しようという気持ちの人が多い

さて、今回つくるラーメン屋さんは「ハラール対応のラーメン屋さん」でした。

だからといってそのまま載せても、心には響きませんよね。

では、どうすればいいか。

この企画の魅力は、「ハラール対応」であること、そしてそれが「ラーメン」であることです。

この2つがコンセプトになっているので、そこをしっかり伝えるものにします。

こんなタイトルはどうでしょう？

〔食文化外交〕
イスラム教の人にも日本のラーメンを食べてもらいたい！

いかがですか？　想いが伝わりませんか？

「ラーメン」という日本文化を知ってもらえる気もします。

こんな感じで、単に「ラーメン屋さんを開く」ではなく、

「自分がどんな幸せな未来を提供できるか」を考え、タイトルを決めましょう。

このタイトルだけで、旅行に来てくれたイスラム教の人が日本でラーメンを食べて笑顔になっている姿が見に浮かぶようです。

笑顔を思い浮かべられるようなタイトルは、支援者が増えやすい傾向があります。

たとえ、自分がそのラーメンを食べられなくても、お金を出すことによって、「誰かを幸せにすることができる」と感じるからです。
お金に余裕があって、ラーメンが好きで、イスラム教の人に友達がいる人なら、資金提供してくれやすいでしょう。

タイトルは、クラウドファンディングにおいて最重要項目。
よくよく考えてつけましょう。

ステップ③目標金額を決める

リワード費用、消費税分を含めて必要金額を算出する

次に決めるのが「目標金額」です。

目的を叶えるためにどれだけお金を集めればよいか、冷静に考えてみましょう。

ラーメン屋さんのオープンは、居抜きで始めるとして、最低でも300〜500万円くらいの初期費用が必要です。

「じゃあ、最低限必要な300万円を集めよう」

もし、こう考えたのであれば、少し立ち止まって考える必要があります。

クラウドファンディングには手数料もかかりますし、リワード（お礼のリターン）も必要です。つまり、300万円を店づくりに使うためには、300万円集めただけでは足りないということです。

また、消費税分も考えなければなりません。

商売では消費税は「税抜き」で見積もりが出てきますが、クラウドファンディングの場合は「税込み」になっています。

消費税を甘く考えていると、大変な赤字になってしまうので要注意です。

さらに、クラウドファンディング事業者には手数料を支払う必要があり、支援額の20％程度が多いです。

また、リワードの作成にかかるお金と送料を合わせて支援額の20％がかかると想定すると、約40％のお金がそれらの経費だけで消えてなくなると考えておいたほうがよいでしょう。

つまり、いくら必要かというと、

300万円使うためには、500万円集める必要があります！

また、500万円使いたい場合はいくらかというと、

500万円使うためには約850万円集める必要があります！

したがって目標金額は、それぞれ５００万円、８５０万円となるわけです。

このように手数料とリワードは、クラウドファンディングの企画者にとってかなりの負担。そのぶんを加味した目標金額を設定するようにしましょう。

今回は最初から８５０万円を集めるのはハードルが高いので、５００万円を集めて３００万円で居抜きスタートをするプランに挑戦するのが現実的です。

また、クラウドファンディングでお金を集めながら、

お店づくりを手伝ってくれる人を一緒に募集するのも手です。

「え？　手伝ってくれる人も探せるの？」と思った方、別にむずかしいことではありません。

クラウドファンディングのページに「お店づくりを実際にやってくれる人も募集します」と書いておくだけでＯＫ。あとは、メールなどで直接やりとりすればいいのです。

応援したい、という人が集まって夢を実現させるのがクラウドファンディング。お金だけに縛られる必要はありません。

以前「海外のイベントでコスプレイベントをやりたい！」というプロジェクトで、「一緒に海外に行って手伝ってくれる人募集」と書いたものがありました。

基本的なプロジェクト・フォーマット

タイトル　だいたい30文字から40文字程度

目標額　○○万円

募集期間　○○日間　※基本は1か月

リワード（お礼）

○○円	お礼の内容
○○円	お礼の内容
○○円	お礼の内容

プロフィール

動画

本文

しかも「交通費は自費で」と。

それでも手伝ってくれる人が出てくるのがクラウドファンディングです。

ちなみに、動画作成などを外注する場合は、その金額もしっかりと考慮しておきましょう。動画を外注するとクオリティの高いものができますが、それなりにお金がかかってしまいます。

当然ながら、クラウドファンディングでそのぶん多めに資金調達する必要がでてきます。

集める目標額が決まったら、クラウドファンディングの企画応募用紙に記入しましょう。

クラウドファンディングの企画は、どこのサイトでもだいたい前ページのようなフォーマットになっています。

要は、サイトに記載すべき項目を、整理してまとめる場所ともいえます。

これまでお話ししてきたことを振り返りながら、ポイントをはずさず作成、記入してください。

ステップ④リワードをつくるI

コストをかけず、特別感のあるものを

クラウドファンディングでもっとも大事なのが、このリワード、つまりお礼とかリターンをどんなものにするか、ということです。

では、イスラム教徒の人も食べられるラーメン屋に適したリワードとは何でしょうか？

クラウドファンディングで集めるお金をできる限り有効に活用するために、リワードは「小ロット」で「低価格」でつくれるものにしたいものです。

せっかくラーメン屋さんを開くのですから、「ラーメンでお返ししたい」と考えるのが自然でしょう。

たとえば、次のようなリワードにすると喜ばれそうです。

・鶏チャーシュー麺　1人前の前売り券

これなら、お客さんからすると「前払い」をしているだけですし、こちらからするとラーメン1杯の「原価」の1／4くらいの金額になるのでお互いに満足できそうです。

しかも、お店に足を運んでもらうことになるので、リピーターになってくれる可能性もあります。

また、トッピングをいろいろつけて、「1口　1500円」あたりの金額にすることも可能です。このように、

いちばん適するリワードとは、「プロジェクトのなかで生まれる商品やサービス」です。

支援者は応援したいと思っているので、そのリターンも「プロジェクト」から生み出されたもの、関連したものがいちばんうれしいのです。

とはいっても、リワードが「ラーメン」だけでは高額な支援は集まりません。

いくつか方法を考えてみましょう。

まずは、グッズをつくれないか検討します。

Tシャツから、キーホルダー、タオルやバッグ、チョコレートなどのお菓子……。

支援金額に応じたリワードを決めよう

500円〜1000円
電子データ（メールでお礼、画像の送付）がオススメ。
ちょっと手をかけたい場合には、お礼の絵ハガキなども。

5000円〜5万円
布ポスター（のぼり旗を横にしたもの）、オリジナルグッズ、クレジット（名前）をエンドロールなどに残す、セミナー受講券、施設利用の回数券、サイン入り商品などの組み合わせ、ボイスメッセージ（アイドルや著名人の場合）

10万円以上
デジタル版画（額装のセット）、クリスタルレーザー彫刻、シルバーアクセサリ、主催者との対談する権利、パーティへの招待、広告枠、会議などへに参加する権利、電話で会話する権利（アイドルや著名人の場合）

オススメのグッズ屋さん

- 緑陽社　http://www.ryokuyou.co.jp
- まいどぅー　http://mydoogoods.com
- ちょっと印刷.com　http://www.rakuten.co.jp/chotto-print/
- 小ロット・ン　http://www.dream-dd.com

最近は安く、小ロットでオリジナルグッズを作成できるところが増えました。大量につくればつくるほど1つ当たりの単価が下がります。

覚えておきたいのが「3000個」という数字です。

大量生産用の商品の最低ロットは、3000個であることが多いのです。

3000個を超える場合は、それなりに好きな商品をつくることができます。

逆に言うと、3000個に満たない場合には「小ロットのグッズ屋さん」に発注をして「できあいのもの」をチープに見えないように上手に使う必要が出てきます。

クラウドファンディングで3000人以上が支援してくれることは稀有なので、小ロットのグッズ屋さんを使うことが多くなります。

オススメのグッズ屋さんを前ページで紹介していますが、「小ロット」「オリジナルグッズ」「オリジナルノベルティ」などの単語で検索すると、ほかにもいろいろ出てきます。希望に合うところを探してみてください。

また、意外と見落としがちな、でも大事なポイントがあります。

リワードは「ポストで投函できるもの」にすること。

ポスト投函できる場合は、送料が安いサービスが多いので、できる限り「薄くて軽いもの」をつくるようにしましょう。

送料が大きくなると、収益がかなり圧迫されます。

いちばんのオススメは「クレジット記入」です。

オススメのグッズとオススメできないグッズの例

マグカップ
マグカップ自体の製造費は安いけれど、送料が高い。
＊場合によっては送料のほうが高くなることも。

紙ポスター
ポスターを送付するためにポスター用の段ボールを買う必要があるうえに、送料が高い。

ポストカード
一般の紙と違って分厚いぶん、価値を感じてもらえる。
セットにすると見栄えもよくなる。

のぼり旗
のぼり旗を横に印刷して布ポスターとして制作すると、1点約1000円でできる（デザイン代金は別）。

折り曲げられるので普通郵便で送ることができる。

タオル
使い勝手がいいので、案外喜ばれる。

入浴剤
バラ売りの入浴剤を購入し、プロジェクトに関するシールなどをつくって貼り付け、オリジナル入浴剤にすると「使えるお礼」になる。

クレジット記入
映画などの場合は、エンドロールに名前を載せると特別感が出るため、喜ばれやすい。
＊お金がかからないのもよい。

みなさん、映画のエンドロールをご覧になったことはあると思います。映画製作にかかわった人や企業、団体名などが流れますよね。これがリワードになるのです。

クレジットをどこかに記入するだけなら、お金は1円もかかりません。映像作品制作に対する支援の呼びかけであれば、エンドロールに支援者の名前を入れることで立派なリワードになります。

しかし、今回のプロジェクトはラーメン屋さんをつくるための資金集め。たとえば、お店の写真集（店舗の内装や設備をつくる工程から開店までの様子を写真で収めたもの）をつくってはどうでしょう？

その最後に支援者の一覧を入れるのです。

支援する人は、「支援した」という記念が残れば、それだけでうれしくなります。

お店の写真集をもらった人は、「自分がこの店をつくったんだ」と参加意識を持てますし、まわりに自慢をすることができます。

お店の写真だけではあまり価値を感じてもらえないはずです。でも、**自分の名前が入ると「自分がつくった」という関係性ができて、魅力的なリターンになるのです。**

神社の鳥居には、その神社に寄付した人の名前がずらっと書かれています。これも立派なリワードです。

神社に寄付した人はその鳥居を見るたびに「この神社は自分が支えている」と誇らしい気持ちになるでしょう。

クレジットは、大昔から「ファンディングのお札」に使われてきたというわけです。クレジット記入は費用負担がほぼゼロで、しかもよいお礼になるので、ぜひやってみてください。

もう1つのオススメが、布ポスターです。

紙のポスターは折れ曲がると見栄えが悪く、価値が落ちるので取り扱いが面倒です。また、ポスターを送付するときも専用の箱が必要になり、送料も高くなってしまいます。

布であれば折りたたむことができますし、送料が安く済みます。

紙と違って布であればポスターを貼ったあとに剥《は》がすこともできるので再利用しやすいうえに、紙より高級感を持たせられます。

ただし、布ポスターの制作には５０００円程度かかってしまいます。

それが、のぼり旗作成サービスを使うと、１０００円程度で１枚布ポスターができてしまうのです。

もともと、のぼり旗はいろいろなところで使われ、注文数も多い商品で、しかも小ロットが基本なので非常に安価に制作できるオススメのリターンです。

のぼり旗そのものをリターンにしてもよいし、のぼり旗をあえて横に向けて「チチ無し（のぼり旗の棒を通したり引っかけたりする部分がないもの）」のものを発注して布ポスターとして送付しても喜ばれます。

通常の布ポスターは、原価５０００円くらいなので、市場価格にして１万円くらいの価値があるとみてよいでしょう。

のぼり旗を布ポスターにする

購入数	単価	税込
1枚 ～ 9枚	980円	1,058円
10枚 ～ 19枚	880円	950円
20枚 ～ 49枚	800円	864円
50枚 ～ 99枚	760円	820円
100枚～199枚	700円	756円
200枚～299枚	680円	734円
300枚～399枚	660円	712円
400枚～499枚	640円	691円
500枚以上	620円	669円

チチ位置	
左チチ(通常タイプ)	○
右チチ	○
チチ無し	◉

※周囲ヒートカットの場合、ご使用の状況によっては1週間程でほつれが出てくる場合がありますので長期ご使用予定の方等は下記のオプションをお選びください。

（引用）http://www.az-nobori.com/

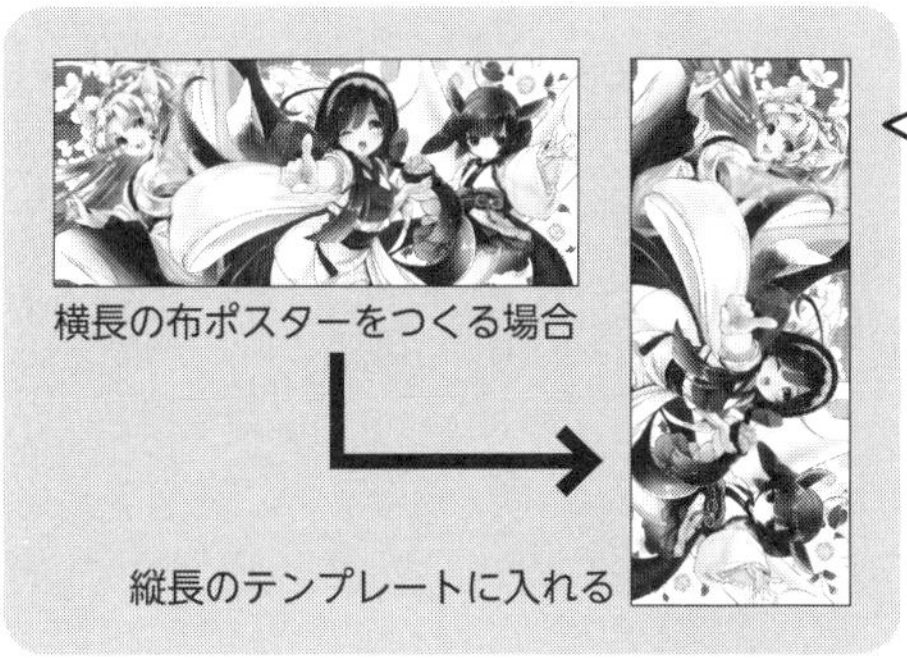

ショートのぼり
(600mm×1500mm)

のぼり旗工房　検索

のぼり旗作成サービスを利用すれば、原価1000円くらいで付加価値のあるリターンができます。しかも1枚から作成可能で、送料も抑えられる。いいことづくめです。

リワード選びのコツは、送料を安くすることなのです。

さて、それではそろそろラーメン屋さん企画のリワードを決めましょう。

ラーメン屋にとって、お店の宣伝のために「のぼり旗」は必須の営業道具です。

価格もさほどかからないことがわかっています。

ならば、のぼり旗にしてはいかがでしょうか。

ファンだからこそ、普通は手に入らない「お店ののぼり旗」を持てると喜んでもらえるはずです。

加えて、Tシャツもつくってしまいましょう。

お店の名前をロゴにすれば、新たにデザインをする必要もなく、お礼の品をつくることができます。

また、支援者もTシャツを人に見せて「自分がこの店をつくったんだ」と自慢できます。

それに加えて、ラーメンとトッピング5個をセットにした1500円チケットも入れて

リワードに“特別感”を持たせる

スポーツ選手 著名人、アイドル ミュージシャン などの場合	●ふれあえる権利がオススメ。 普段は遠くから応援しているだけなので、近くで話したり、プロジェクトに参加したりなどをユーザーは望んでいる（パーティー、カフェやディナーへの招待、一緒にスポーツをする、その他イベントなど）。
お店の開店や イベントなどを 行う場合	●オープニング・パーティーやイベントに参加できる権利・回数券など「特別なお客さん」になれるリワードがよい。 ●どこかに「名前」やロゴを残す権利というのもオススメ。
映画製作 書籍制作 ゲーム制作 音楽制作 などの場合	●コンテンツ制作の場合は「高額支援者はその世界に登場できる権利」がオススメ（ただしコンテンツの雰囲気を壊す場合はNG）。 ●エンドロールや謝辞などに名前を出す。お金がほとんどかからないのでオススメ。 ●先行でコンテンツを楽しむ権利もお金がかからない。 ●設定資料集など、普通は公開しない資料が見られるプレミアムな権利。 ●サイン入り商品（DVD、書籍、設定資料集など）。
ガジェット 商品開発 食べ物の場合	●いちばんよいのは、商品そのものの提供。 ●先行ユーザーには「安くする」というやり方も可能。 ●高額支援者向けに、商品にオプションをつけておくとよい。
社会貢献 NPO活動など	●名前のクレジット（HP、建物などに）。 ●サポートした人からのお手紙が届く。 ●活動報告。 ●サポートした現地の特産品。 ●現地からのお礼のメッセージ動画。 ●プロジェクトへの参加権。

おきましょう。

3万円以上支援してくれた人に対しては、店内に名札を飾ると、よりクレジット記入として価値も出そうです。

これで、魅力的で、なおかつ費用負担も少ないリワードが設定できました。

ステップ④リワードをつくるⅡ

超高額支援者のリワードが高額支援者を引き寄せる

リワードづくりで忘れてはいけないことがあります。

それは、高額支援者・超高額支援者向けのリワードです。


今回の目標金額は５００万円です。

もし支援者が全員３万円出してくれたとしても、１６７人が必要になります。

さすがに、１６７人もの人が３万円を出してくれるというのは現実的ではありません。

でも、なかには3万円以上投資してもかまわないという富裕層もいます。そういう超高額支援者を見込んで、10万円、50万円のコースもつくっておくとよいでしょう。

クラウドファンディングは、

「個々人の状況に応じて、できる範囲のなかで支援してもらうことが可能な仕組み」

であることが魅力です。

お金に余裕がない人は、５００円。
お金に余裕がある人は、10万円や50万円の支援ができる。

これがクラウドファンディングの特徴です。

お金に余裕のある人から支援してもらえるように、高額支援者・超高額支援者向けのリワードも考えましょう。

特別な支援者に向けてのサービスなので、「プレオープンご招待券」を用意するのも一つです。

「50万円の人には1年間ラーメン食べ放題。トッピングも無料」なども魅力的です。

「10万円以上の人には、３か月ラーメン食べ放題」としましょう。

オリジナルバッジで特別感を出す

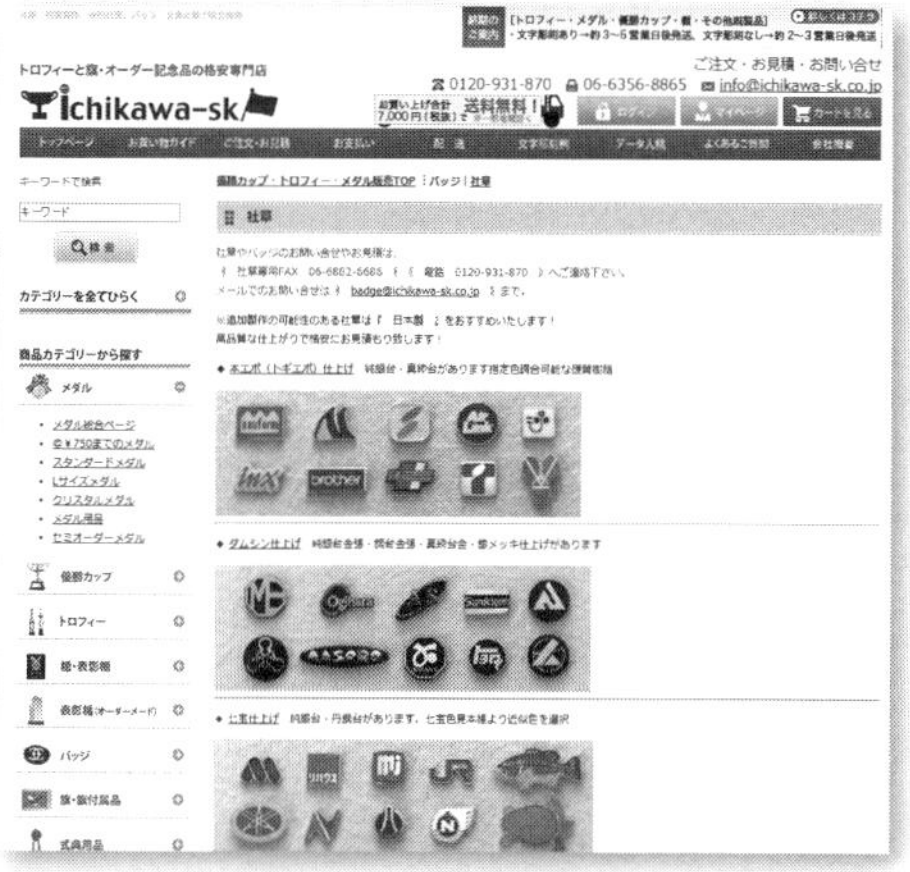

（引用）http://www.Ichikawa-sk.co.jp/baji.html

目印になるようなものがあると判別がついて便利ですし、もらったほうも特別感があります。

たとえば、カードではチープに見えるので、ジャケットの胸部分につける社章のようなオリジナルバッジをつくるなど、ちょっとした工夫があるとよりベターです。

バッジをつけてもらうことでPR効果も見込めます。

173ページに支援金額に対するリワードをまとめてみました。

どうですか？

いい感じにまとまったと思いませんか？

どこがいい感じかというと、

いちばん支援をしてもらいたい3万円部分が、「いちばんお得感がある」ようにできていることです。

3万円支援するとグッズも手に入るし、ラーメンも食べられるし、クレジットも記入される、と盛りだくさん。

1万5000円の支援を考えていた人が、

「あと1万5000円出せば、この特典が受けられる。出せない金額ではない。よし、3万円の支援に切り替えよう」

と考えても不思議はありません。

また、500円のリワードも、

「500円なら、懐もさほど痛まないし、ちょっと出してみようかな」

と、人の心理をくすぐるものになっています。

10万円、50万円の支援も充実した内容ですし、うまくいけばかなり支援が集まって店舗がつくれてしまいそうです。

テーマが「イスラム教の人が食べられるラーメン店」なので、ラーメンを食べてみたい

ラーメン屋さんのリワード（基本Ver.）

500円	●お礼メッセージ
3,000円	●お礼メッセージ ●ラーメン2杯無料（トッピング5つ）
15,000円	●お礼メッセージ ●ラーメン11杯無料（トッピング5つ）
30,000円	●お礼メッセージ ●ラーメン24杯無料（トッピング5つ） ●のぼり旗、Tシャツプレゼント ●店にクレジット記入
100,000円 [限定10個]	●お礼メッセージ ●のぼり旗、Tシャツプレゼント ●ラーメン3か月無料証明の胸章 （胸につけるバッジ） ●店にクレジット記入 ●プレオープンにご招待
500,000円 [限定3個]	●お礼メッセージ ●のぼり旗、Tシャツプレゼント ●ラーメン1年間無料証明の胸章 （胸につけるバッジ。トッピング全部OK） ●店にクレジット記入 ●プレオープンにご招待

お金持ちのアラブの人が興味を持てば、一気に支援が集まるかもしれません。日本に滞在しているイスラム教の人たちはわりとお金持ちも多いですしね（笑）。

50万円なんて超高額、本当に集まるのだろうか？　と思う人もいるかもしれませんが、これは集まらなくても大丈夫です。

50万円という超高額の設定があるおかげで、「10万円を入れやすくする」という狙いがあるからです。

支援者に「50万円出す人もいるだろうから、10万円出してもいいよね」と思ってもらうために、あったほうがよいのです。

また、10万円と50万円は「人数制限」をつけておきましょう。

人数制限があると「希少性」が出て、人が集まりやすくなります。

これでリワードの完成です。超高額リワードを設定したおかげで、高額や中価格帯のリワードにもしっかりと支援が集まります。

ステップ④リワードをつくるⅢ

早期割引リワードでグングン初速をつける

前述したように、クラウドファンディングの支援は初速がもっとも重要です。最初にお金が集まれば、そのまま達成するケースがほとんどだからです。

最初の5日で20%が一気に集まるかどうかで、成否が決まるといっても過言ではありません。

「初速が出るか」どうか自信がない場合は、「初速」のための改良をしておきましょう。いちばん現実的なのは、知り合いにお願いしておくことです。

ですが、知り合いがいない、あるいは頼めないケースもあると思います。その場合は、

「早期割引」を設定することをオススメします。

今回のケースでは、1万4000円と、2万8000円という早期割引特典をつくってみました（次ページ図参照）。

リワードは1万5000円、3万円と同じですから、それぞれ1000円と2000円の割引になっているということです。

限定20個としていますから、見た人は「早くお金を入れないとなくなっちゃう！」という心理が働き、初速で伸びやすくなります。

次ページの表をもう一度見てください。

じつはこのリワード、送料含む原価が支援額の20％で抑えたものになっています。

リワードを考えるうえで大事なのが「原価」です。

リワードにいいモノを送りたくなるかもしれませんが、いいモノを送ろうとすればするほど、本来の目的であるお店をつくる資金がなくなっていきますので、できる限り原価を

ラーメン屋さんのリワード（初速をつけるVer.）

500円	●お礼メッセージ
3,000円	●お礼メッセージ ●ラーメン２杯無料（トッピング５つ）
14,000円 ［限定20個（早期割引）］	●お礼メッセージ ●ラーメン11杯無料（トッピング５つ）
15,000円	〃
28,000円 ［限定20個（早期割引）］	●お礼メッセージ ●ラーメン24杯無料（トッピング５つ） ●のぼり旗、Ｔシャツプレゼント ●店にクレジット記入
30,000円	〃
100,000円 ［限定10個］	●お礼メッセージ ●のぼり旗、Ｔシャツプレゼント ●ラーメン３カ月無料証明の胸章 （胸につけるバッジ） ●店にクレジット記入 ●プレオープンにご招待
500,000円 ［限定３個］	●お礼メッセージ ●のぼり旗、Ｔシャツプレゼント ●ラーメン１年間無料証明の胸章 （胸につけるバッジ。トッピング全部OK） ●店にクレジット記入 ●プレオープンにご招待

抑えるようにしましょう。

今回はラーメン屋さんを開店するためのプロジェクトなので、いちばんの価値である「ラーメン」を武器にしました。

ラーメン以外にも、のぼり旗などラーメンに関係するリワードをつくりましたが、送料をできる限り抑えられるようなものにしています。

原価をできる限り抑えつつ、支援してくれる人が喜んでくれるようなリワードを設定して「高額の支援」につながるように揃えましょう。

プロジェクトを実行するためにお金を集めるのですから、お金はしっかりと残す必要があります。

そのために、リワードの原価は、前もってしっかり計算しておくことが大事です。

ステップ⑤本文を書く
具体的に書くことで共感を募る

リワードが決まったら、次に本文をつくっていきましょう。

ポイントは、見た人に「支援をしたい」と思ってもらえる文章にすること。

今回のプロジェクトは、イスラム教の人が食べられるラーメン屋さんをオープンすることですから、イスラム教の人の心が動くような工夫に加え、一般の日本人にも共感してもらえる内容を目指す必要があります。

導入部分は、日本に来るイスラム教の人たちは、食生活がどれくらい制限されるか、といった現状説明から入ると、興味をもって読んでもらえそうです。

そこで、まずハラールについての簡単な説明を書いてみました（次ページ参照）。

冒頭から「強い想い」を前面に出した文章になっています。

この「想い」があることで、支援してくれる人の共感を呼ぶことができます。

ここは、多少くどいくらいに書いても大丈夫です。


クラウドファンディングのユーザーがいちばん注目するのは、なぜこのプロジェクトをしたいのかという「想い」だからです。


さらに文章を書き込み、183ページのようにしてみました。

「イスラムの人向け」であることを強調するために、現地の人たちの写真も使っています。

こうした写真があると、具体的なイメージが湧くため、支援してもらいやすくなります。

特に「笑顔の写真」はオススメです。これについては、次項で説明します。


本文には「具体的なこと」も必要です。

メニューはどんなふうにしたいのか、お店の内装はどうしたいのか、お店の外装はどうしたいのか。そして、メニューや内装、外装はどんな思いでつくっていきたいのか――。

支援したい！と思われる本文のコツ①［想い］

【食文化外交】

イスラム教の人にも
日本のラーメンを食べてもらいたい！

ラーメンは中華料理というより、もはや日本の「文化」です。
ラーメンのおいしさをイスラム教の人たちにも伝えたい、そして、食文化を通じて仲良くなりたい、という思いから「イスラム教の人でも食べられるラーメン店」をつくるプロジェクトを始めました。

冒頭から
強い想いを
書く

イスラム教の人たちが安心してラーメンを食べられるように「ハラール認証」を受けたラーメン店をつくります。

イスラム教の人たちは「豚が食べられない」というのは有名な話ですが、実はそんな単純なものではありません。

たとえば、鶏を食べるにしても「祈りを捧げて解体・処理された鶏」でないといけません。

また、調理にも気を遣う必要があり、たとえば豚を切った包丁を使った料理はNGとなってしまうので、簡単にはイスラム教の人たちにラーメンを届けることができないのです。しょう油やみりんも、「お酒」のようなものとなってしまうので、使えません。

「ハラール」
とは何か
の説明

でも、ラーメン、おいしいですよね。

おいしいからこそ、日本に来てもらったイスラム教の人に食べてもらいたい。

もちろん、日本人にとってもおいしいラーメンにします。

食文化を通じて、日本とイスラム教の人たちが仲良くなれるよう、「イスラム教徒の人でも安心して食べられるラーメン店」をつくらせてください！

支援者への
メッセージ

至るところに自分の強い想いを盛り込んでいくことで、共感してもらいやすくなります。

具体的なことを盛り込むことで「プランがしっかり練られたプロジェクトである」という安心感もつくっていきましょう。

クラウドファンディングで支援する人は「このプロジェクト、お金を入れるのはいいけど本当に実現できるの？」という不安を多かれ少なかれ持っています。

この不安を払拭して、安心して支援してもらえるように「具体的なこと」を示す必要があるのです。

スケジュールも書いておきましょう。

「だいたいこれくらいのスケジュールを想定しています」という書き方でOKです。

具体的な内容がしっかり書かれていればいるほど、安心してもらうことができます。

最後に、資金の使い方についても書いておきましょう。

「お金が必要な理由」をわかりやすく伝えることができますし、「ムダな使い方はしないんだな」という安心感を支援者に与えることにもつながります。

支援したい！と思われる本文のコツ② ［写真］

イスラムを強調する写真

イスラム教の人が食べられる食事を「ハラール」といいますが、ハラールの認証を受けた料理店はまだまだ少ないです。

また、ハラール認証を受けていても「おいしくない」ところが多いです。

厳格なイスラム教の人であっても、やっぱりおいしいものを食べたい。

日本に来た人にとっては「日本の食べ物を食べてみたい」という思いがあります。


だから、日本のB級グルメであるラーメンをおいしくイスラム教の人に届けたい、と思ってこのプロジェクトを立ち上げました。

笑顔写真は効果的

＊無料の写真素材サイトを活用

お金のことを書くのは躊躇するかもしれませんが、支援者のためでもあります。集まったお金をどのように使うか、しっかり記入しておくことをオススメします。

もちろん、プロジェクトによっては、誰かに迷惑をかけてしまうことになるなどの理由で、書くことができないこともあるかもしれません。

そういう場合は仕方ありませんが、できる限り、こういうことに使う予定です、というイメージだけでもよいので書き込みましょう。

これで、プロジェクトの説明は一通り完成です。

写真をたくさん使うことで、イメージをつかんでもらいながら、文章で具体的な内容を確認してもらえるうえに、プロジェクトを起案した人の熱い想いも感じてもらえるものになっています。

また、おいしそうなラーメンや餃子の写真を選び、使うことで、このページを見た人にも「食べたい」という気持ちが湧き上がってくれれば、より支援者の想いも高まりますいいプロジェクトページに仕上がりました。

支援したい!と思われる本文のコツ③[プロジェクト詳細]

もちろん、ラーメンと言えば餃子も必要ですよね。

餃子も準備します。

また、ラーメンも種類を増やすために「磯ラーメン」もメニューに入れます。

海産物はイスラム教の人にとって安心して食べてもらえるものですし、日本と言えば海鮮の国。

日本文化とイスラム教の人にとっての架け橋になれるよう、様々なメニューを準備していきます。

メニュー内容

外観イメージ

お店に関しては、左の写真のような赤提灯のある日本っぽいラーメン屋さんにしたいと思っています。


ただ、こちらは予算の関係と立地の関係でどうなるかはわかりません。

支援額に応じて場所と店舗の外装、内装を決めさせていただきます。


限界はあるにしても、「日本のおいしいラーメンを雰囲気も含めて味わってもらいたい」という気持ちがあるので、できるかぎり雰囲気を出しながらおいしく楽しんでもらえるようなお店にします。

ステップ⑥本文に画像を入れる

笑顔の写真で成功をイメージさせる

本文に笑顔の写真を入れると効果的だと先程お話ししました。

プロジェクトが成功したとき、「どんな人が笑顔になるのか」を示せるからです。

また、文章だけだと読んでいて疲れてしまいますが、文章の途中にイラストや写真が入っていれば、ストレスなく読み進めることができます。まさにいいことだらけなので、写真はたくさん入れましょう。

ところで、ラーメン屋プロジェクトのページ（本文）でも写真をたくさん入れましたが、私が撮影した写真はあの中に1枚もありません。しかも、1円も使っていません。

画像素材は無料サイトを活用しよう

（引用）http://www.photo-ac.com/

写真AC　検索

「無料の写真素材サイト」からダウンロードしただけです。

ラーメンの写真も、イスラムの人たちの笑顔の写真もすべて。

ちょっと検索してダウンロードしただけで、自分で写真を撮るよりも高品質なものが手に入ります。

活用しない手はありません。

すでに使える写真を持っている場合は必要ありませんが、素材がない場合は積極的に素材サイトを使いましょう。

なかでも「写真ＡＣ」というサイトは、使える画像数が多いのでオススメです。

ちなみに、イラストが欲しい場合は「イラストＡＣ」というサイトがオススメです。こちらも豊富なイラストから自由に選べます。

素材サイトを活用して、プロジェクトのページを見やすくしましょう。

先ほども触れましたが、なかでも笑顔の写真は非常に効果があります。なぜなら、

笑顔の写真も無料サイトで手に入る

写真ACより

子どもの笑顔や老人の笑顔などを使うと「幸せな未来」を読み手の心に届けることができる。
笑顔写真をどんどん素材サイトからダウンロードして使おう！

子供　笑顔　検索

老人　笑顔　検索

「このプロジェクトを支援すると誰かが笑顔になる」ことを一瞬で伝えることができるからです。

プロジェクトを実施すると、必ず「誰かが幸せになる」はずです。

商品を販売するプロジェクトなら、商品を受け取った人が幸せになるでしょう。

困っている人を助けられるプロジェクトなら、救われた人が笑顔になるはずです。

アイドルが大舞台でコンサートを開きたい、というプロジェクトであればアイドル自身、そしてファンの人たちが笑顔になります。

その様子を先にイメージさせるのです。

幸せになる誰かの笑顔を写真で表現する。

それだけで支援してくれる人が確実に増えます。

これで、本文の完成です。

続いて、プロフィール作成に移りましょう。

ステップ⑦プロフィールを書く

「なぜこのプロジェクトを企画したのか」がわかる人物像にする

クラウドファンディングサイトで公開するプロフィールは、プロジェクトに関係する内容を意識的に多く盛り込むことで「信頼」してもらうことができます。

プロフィールを書く理由は、「信用してもらう」ためだからです。

考えてみてください。

どこの誰だかわからない人に大金を渡すのは、正直気持ち悪いですよね。

でも、信頼している（できる）人であれば、多少、お金を渡しても安心できます。

この「信頼」を獲得するためのプロフィールページにするのです。

プロフィールで大事なのは、

「なぜ自分がこのプロジェクトをやることになったのか」という動機です。

次ページに、ラーメン屋のプロジェクトのプロフィール例を作成してみました（もちろん架空の人物です）。

実務的なラーメン経験はアルバイトくらいしか書いてありませんが、それでもラーメンに関係していたことを伝えることで「本気なんだな」と信頼を得ることができます。

また、いちばん重要な「イスラム教の人が食べられるラーメン」をつくりたい動機の理由も、「パキスタン人の友だちがいるから」とわかりやすく書いています。

プロフィールはこれまでの自分について長々書くのではなく、「なぜこのプロジェクトを起案したのか」を伝える内容にしましょう。

信用してもらえるプロフィールの書き方

山田太郎

無類のラーメン好きで学生の頃からラーメン屋さんでバイトをしていた。

現在はサラリーマンをやっているが、ラーメン店の開業を目指して準備中。

友だちにパキスタン人がおり、彼にラーメンを食べてもらいたいと思って「ハラール（イスラム教徒が食べられる）のおいしいラーメン」を常に研究している。

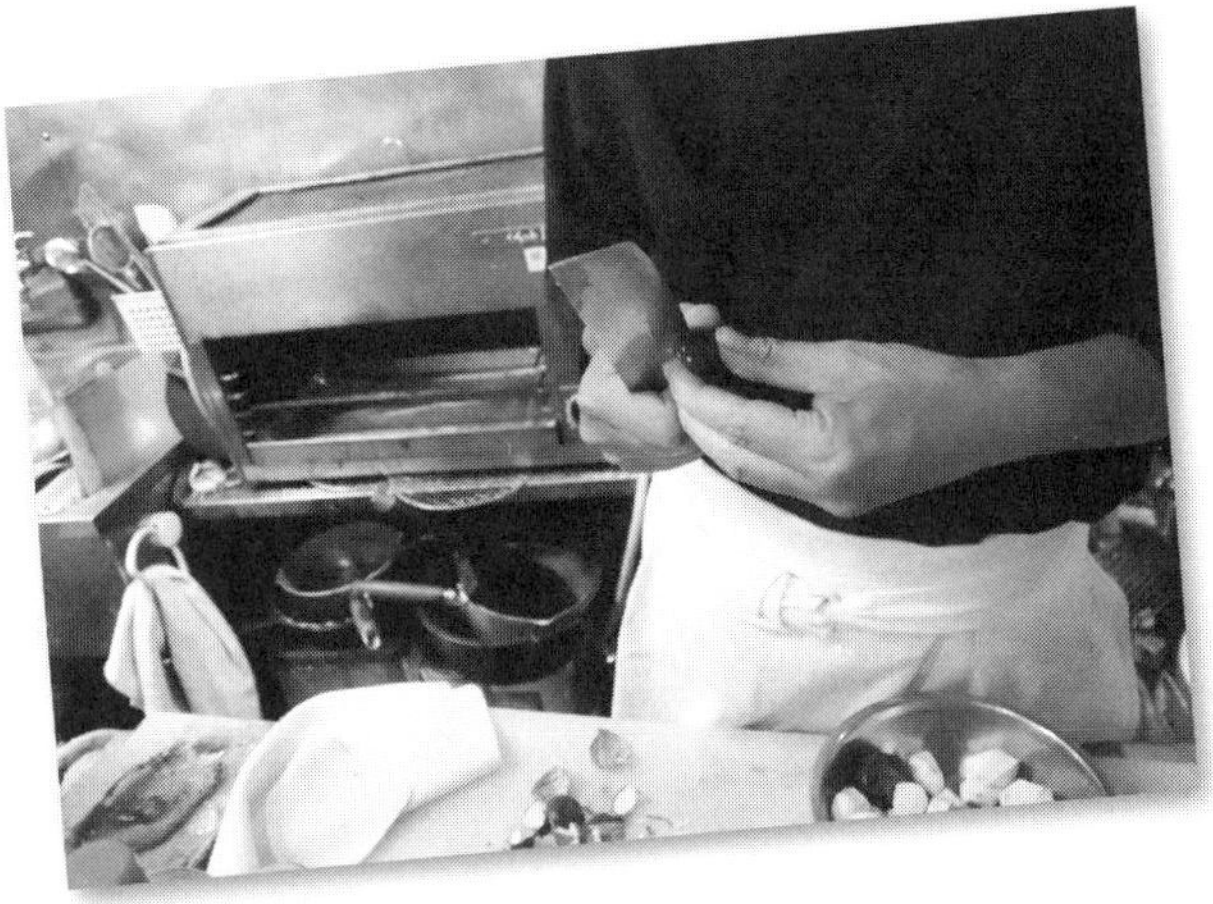

ステップ⑧動画を制作する

50万円以上のプロジェクトは動画が必須

クラウドファンディングには、動画があると資金が集まりやすい特性があります。音声や動きが入ることで、

「本気度」が伝わりやすいうえに、文字やイラストに比べて情報量も多くなるため、信用されやすいのです。

あるクラウドファンディングサイトでは、動画のあるプロジェクトの成功率は50%、動画を制作しなかったプロジェクトの成功率は30%という結果が出ています。

単純に、画面に向かってしゃべっているだけの動画であっても、表情の変化や声のトー

自分でできる動画制作ツール

Mac向け

iMovie

iPhone、iPad、Macで制作する場合にオススメ。

撮り溜めている写真や動画を組み合わせるだけでカッコよく動画にすることができます。

FrameBlast

動画をスライドショー的に作り込む場合、FrameBlastを活用すると、スムーズに制作することができます。

動画作成が苦手な人にオススメ。（スマフォアプリ）

Windows向け

Windows Movie Maker

無料で使用できます。

ただし、何も考えずにつくると少し安っぽく見えるので注意。

＊iPhone、iPadの場合は「俺のデコ動画」「俺の字幕動画」「俺のアフレコ」「俺の編集」「俺のワイプ」などのアプリを組み合わせると、たいていのものはつくることができる。

ンから文字と写真の組み合わせ以上に気持ちが伝わりますし、商品の完成イメージがあれば、それを動画で届けることにより、情報が多く伝わります。

さらに、画像のスライドショーやＢＧＭ、写真の切り替え、フェードイン、フェードアウトの処理などが加わることで、よりこちらの気持ちが伝わりやすくなるうえに、見ているほうも気持ちが入りやすくなります。

50万円を超える金額を集めたい場合、動画は必須と考えてください。

動画は、自分で全部つくってもいいですし、一部、または全部をプロにお願いしてもいいでしょう。

自分で全部作成する場合は、自撮り動画を撮って、つなげていくのがオススメです。また、写真もスライドショーとして挿入すると、より効果的です。

自撮り動画だけだとチープになりがちですが、途中でキレイな写真を入れることでリッチな感じをつくり込めるからです。チープな感じの動画だと、プロジェクト自体が安っぽい、価値のないものに思われてしまいます。

撮影も、iPadやAndroidタブレットでOKです。動画編集アプリを活用するといいでしょう。オススメのアプリを195ページで紹介しているので、参考にしてください。

パソコンで動画編集する場合にオススメなのが、「iMovie」です（Macで作成する場合）。Windowsで作成したい場合は、無料のソフトであまりオススメできるものがありません。素人でも簡単につくれるソフトが家電量販店等で販売されているので、そちらを使っていただいたほうがいいでしょう。

動画制作で困るのがナレーション。

自分の声で入れてもいいですが、あまりに下手だと熱意や本気が伝わらず、かえってマイナスの効果を生むことがあります。プロに頼んだほうがよいかもしれません。

10分程度なら1万円あれば、外注することが可能です。

簡単なものだと、ナレーションの原稿を送付すると、音声データが送られてきます。

あとは、それを動画にあてはめれば完成です。

動画をしっかりとつくりたいけど、いろいろやるのは大変。

だから、かなりの部分を人にお任せしてしまいたい、という場合は、クラウドソーシングを活用しましょう。

クラウドソーシングとは、ネットを使って外注することです。

「クラウドワークス」や「ランサーズ」などがオススメですが、大事なのは、あなたのイメージをカタチにしてくれるかどうか。実績は必ず確認し、よく検討して選びましょう。

また、発注時に参考になる動画（仕上げてほしいイメージに合う動画）を指定しておくと仕事を受ける人もやりやすくなります。

参考になる動画ですが、1つではなく、2つ、3つ挙げて、なおかつ「この動画のこの部分がいいです」というようにできるだけ具体的に伝えてみましょう。

大きな金額を集めたい場合は、よりクオリティの高い動画が求められます。

「局アナ net」（http://kyokuana.net）の動画制作サービスを使うと楽にできます。

料金は20万円から30万円程度。

打ち合わせをしながら、その場でどうやって紹介をすればよいのかを決め、ビデオ撮影までやってくれます。そのうえ、テレビ局やラジオ局から独立してフリーになったアナウ

ナレーションを外注するときのポイント

ナレーション原稿を作成する

↓

クラウドソーシングでナレーションを依頼する

Point

①「クラウドワークス」や「ランサーズ」で依頼可能
②「宅録（自宅録音）可能」な人を募集する
③金額は１万円程度で可能
④依頼時に「10 分程度の原稿」などナレーションの時間を記入する
⑤サンプルボイスの提出を必須にする
⑥サンプルボイスを聞くときには「ノイズ」がないかをしっかり確認する（ノイズがある場合、宅録の機材が悪い場合が多い）

↓

ナレーションのボイスデータを受け取る

Point

データの受け取り後、内容をよく確認すること（かすれ、ノイズがあればリテイク（やり直し））

ンサーがインタビュー・出演をしてくれるため、見るほうも楽しめます。

すでに「物がある」場合は、その魅力をしっかり伝えるためにも、インタビュー形式がオススメです。

外注すると自分でやるよりも出費がかさむことになりますが、そのぶん、仕上がりもよくなり、お金は確実に集まりやすくなります。


動画制作の金額も含めて資金調達してしまえばいいだけです。


動画をつくることは、成功率を飛躍的に上げることにつながります。

確実に資金を集めるためにも、動画作成は取り組むようにしましょう。

ステップ⑨英語に翻訳する

世界中から資金を集める

いまやクラウドファンディングは、世界中に広がっています。

つまり、支援も日本国内だけでなく海外に向かってお願いすることも可能です。

現在、世界には500以上のクラウドファンディング会社が存在しています。そのなかから、自分のアイデアに向いている運営会社があれば、どんどん活用していきましょう。

というのも、現在、日本の運営サイトでクラウドファンディングを実施すると、どうしても数千万円くらいが上限になりやすいのです。

一方、海外の運営サイトでクラウドファンディングを行うと、調達資金が1億円を超えるものもめずらしくありません。

大金を調達する場合は、海外の運営サイトを使ったほうが有効といえます。

では、今回のラーメン屋さんプロジェクトを海外のクラウドファンディングで行うとどうなるか、やってみましょう。

まず、日本と海外のクラウドファンディングサイトの違いとして「送料」を別で表記できることが挙げられます。

これは、国によって送料が大きく変わってくるためです。

海外の会社を利用する際は、送料は必ず別表記にしましょう。

今回は「Kickstarter」というクラウドファンディングを使うことにします。

Kickstarter は日本にも上陸したので日本からでも気軽に海外に情報を発信することができます。

海外サイトを使ううえで最大のネックが、外国語です。

英語は苦手、外国語なんて無理……という方。大丈夫です。

翻訳してもらえばよいのです。翻訳もクラウドソーシング（ネットの外注サービス）で人に任せてしまいましょう。

翻訳のネット外注サービスは、安いところで3万円から5万円くらいが相場。

問い合わせがあったときなどの対応ですが、「英語が苦手です」と前置きをしながら、うまくGoogleなどの翻訳ツールを使って対応すれば切り抜けられます。

海外展開までできてしまう。これがクラウドファンディングのすごいところです。

また、最近では徐々に海外クラウドファンディングを支援する事業者が出てきました。もちろん追加で手数料を支払うことになりますが、ラクをしたい場合にはそういった事業者を使うのも手です。

日本にいながら、そして英語力がほぼない状態でも、海外展開ができてしまうのです。海外のクラウドファンディングは日本に比べて10倍くらいの規模があります。

つまり、10倍お金が集まる可能性があるということです。
ここぞというときは、ぜひチャレンジしていただきたいものです。

Chapter 5

効果的な宣伝・ＰＲ活動でファンを倍増！

待っているだけでは集まらない。PRでファンを増やす

タイトルが決まり、期間や募集額、リワードや本文、そして動画を仕上げたら、いよいよプロジェクト開始です。

あとは、お金が入ってくるだけ……。そう思われている方もいるかもしれませんが、待っているだけでは、お金は集まりません。

プロジェクトの存在を多くの人たちに知ってもらわなければ、支援者も集まりません。

〝棚からぼた餅〟というわけにはいかないのです。

「宣伝・PR」を行いましょう。

宣伝は、プロジェクト開始の前から準備をしておくと効果が生まれやすいです。

クラウドファンディングでの効果的な宣伝方法は、主に次の5点です。

- **プレスリリース**
- **ブログ、ツイッター、フェイスブック**
- **メール・お手紙（手書き）**
- **講演会、パーティー**
- **相互紹介**

それぞれにやるべきことは多いですが、1つひとつはとても簡単です。

宣伝することで初速を上げ、一気に2割以上の支援を目指しましょう。

クラウドファンディングは「20％の壁」を超えれば、かなりの確率で成功します。
何事も準備8割、本番2割です。
宣伝も準備の時点で仕込んでおきましょう。

ファンを増やすPR①プレスリリース

メディアが取り上げたくなるリリースを配信しよう

せっかくクラウドファンディングでプロジェクトを立ち上げるのですから、メディア（マスコミ）に取り上げてもらい、たくさんの人に知ってもらいたいですよね。

メディアに取り上げてもらうには、「プレスリリースの配信」がなにより大事です。

メディアといっても、いきなりテレビや新聞に取り上げてもらうのはむずかしいですが、「Ｙａｈｏｏ！ ニュース」のトップページであれば掲載可能です。

そのために必要なのが、メディアが注目しそうな魅力的なプレスリリース文です。

プレスリリースの内容例

タイトルはわかりやすく、事実だけを書く（世界初、など、記者さんが「裏をとるのが面倒」なことは書かない）

報道関係者各位

プレスリリース

クラウドファンディングでイスラム教の人に向けた日本風ラーメン店設立プロジェクト開始

クラウドファンディングサイト○○でイスラム教徒でも食べられる
日本ラーメン店を作ろうというプロジェクトが開始した。
プロジェクトオーナーは山田太郎。
募集金額は500万円。5月1日から5月31日まで募集をしている。
無事目標金額が集まればハラール認証をうけたラーメン店を開業する。

本文は短めに簡潔に

・今回のプロジェクトのURLはこちら
https://xxx.xx/xxx.html

【クラウドファンディングサイト○○とは】
株式会社○○が運営するクラウドファンディングサイト。
売買型のクラウドファンディングで目標額100%以上の
資金が集まると、プロジェクトが実施されることになる
仕組みとなっている。

注釈があると記者が調べる手間が減るので、記事にしてもらえる可能性が上がる

【ハラールとは】

イスラム教徒が食べても良い食事のこと。

イスラムの教え（シャリーア法とイスラム原理）で許された、「健全な商品や活動」のことの全般を意味する。

「ハラール」は発音上「ハラル」と言われることもある。


【山田太郎について】

無類のラーメン好きで学生の頃からラーメン屋さんでバイトをしていた経験を持つ。

現在はサラリーマンをやっているが、ラーメン店の開業を目指して準備中。

友達にパキスタン人がおり、彼にラーメンを食べてもらいたいと思って「ハラール（イスラム教徒が食べられる）のおいしいラーメン」を常に研究している。

【問い合わせ先】
山田太郎
住所：○○県○○市○○町１－１－１
電話番号：011-111-1111
メールアドレス：aaa@aaa.aa

連絡先も記入する

画像も添付する（ニュース用の画像）

前ページでリリース文のサンプルを紹介しているので見てください。

書き方のポイントをまとめておきましょう。

1．タイトルは、短めにわかりやすく

とにかくパッと見て、どんなプロジェクトなのかがわかるタイトルを心がけます。短く、ストレートに伝わるのがいちばんです。

2．本文は短く

3、4行程度で端的にプロジェクトの内容を伝えるようにします。
というのも、記者さんには日々たくさんのプレスリリースが届くため、目を通すだけでも大変な作業です。

長いリリース文は読んですらもらえません。

3．業界用語・専門用語には注釈を入れる

業界だけで通じる言葉や専門用語など、一般の人が聞きなれない言葉は、調べなくてはなりません。ひと手間、余計にかかるわけです。

手間は誰だってイヤなもの。忙しい記者さんなら、なおさらです。その結果、後回しにされたり、リリースを読んでもらえない可能性もあります。

「わからない単語があっても調べなくてもいいように」しておくと、親切な印象を与えますし、ニュースに取り上げてくれやすくなります。

送る前に必ず確認しましょう。


逆に、プレスリリース文でやってはいけない禁忌もあります。

「世界初」「日本初」といった文言を入れることです。

記者さんは「正しいこと」を書くのが仕事です。「世界初」や「日本初」といわれると、それが正しいのかチェックしなければなりません。

また、何をもって「世界初」「日本初」といえるのか、裏をとるのが非常に難しいので、たとえ面白いニュースであったとしても、問題が起きてはいけないと判断し、取り上げてくれないことが多いです。

「世界初」や「日本初」を使うときは、その根拠となる「データ」を明示してください。

プレスリリース文を書き上げたら、あとは送付するだけです。

ニュースを取り上げてくれそうなメディアを選び、送りましょう（次ページ参照）。

「数うてば……」という言葉もありますが、この場合は、そのままムダうちになります。

それどころか、「メールの着信拒否」をされてしまうこともあります。

それぞれの特性をきちんと確認しましょう。

ネットメディアは面白いことであればニュースにしてくれることが多いです。

また地方系のネットメディア（「みんなの経済新聞ネットワーク」など）は地元のネタであれば、高い確率でニュースとして取り上げてくれます。

さらに、多くのネットメディアは「ニュースサイトへの配信」も行っています。

たとえば「Ｙａｈｏｏ！ニュース」は、新聞社や通信社をはじめ、多くのニュースメディアが配信するニュースの中から注目度の高そうなニュースを選んで掲載しています。

つまり、どこかで紹介されれば、Ｙａｈｏｏ！で紹介される可能性も高くなるということ。

「取り上げてくれそうなメディア」はどこか、日頃からチェックしておくのもいいかもしれません。

ニューサイトの送り先を調べるには

プレスリリース　窓口　検索

プレスリリース　送付先　検索

ネットメディアの窓口をいろいろ調べよう。

みんなの経済新聞　検索

地域に特化したメディアがいろいろある。

ジャンル名　ニュース　検索

「アニメ　ニュース」や「サッカー　ニュース」「芸術　ニュース」というように取り扱ってくれそうなニュースサイトを探して、そこからサイト内をいろいろ回ってリリース窓口を探そう。

プレスリリースの窓口では、メールアドレスを教えてくれるところもあれば、Webフォームから投稿するところも。
手間を惜しまずWebフォームの場合も投稿しよう。

ファンを増やすPR②SNSの活用

準備段階からTwitterやfacebook、ブログを始める

ブログやツイッター、フェイスブックはプロジェクトの開始前から準備し、随時、情報発信していきましょう。

「もうすぐ面白いプロジェクト始まるよ」とか「クラウドファンディングの企画を立てています」といった情報を常に発信しつづけ、人々の目に触れる機会を増やすのです。

時折、「ビックリさせてやる！」とプロジェクトの発表の日まで全部隠す人がいますが、残念ながら、クラウドファンディングには適さない作戦です。

クラウドファンディングは「お金を支援」してもらうもの。事前情報がないのに「大金」を支援してくれることはありません。

多くの人にとって1万円、２万円という金額を使うには「心の準備」と「今月のお金の使い方の計画変更」が必要です。

事前告知をしておくと、お金と心の準備をしてもらえるという効果があります。

告知はブログ、ツイッター、フェイスブックなど、いろいろな方法でやりましょう。

特に、ツイッターとフェイスブックは重要です。

「リツイート」や「シェア」の力によって広がっていきます。

クラウドファンディングでは、お金を支援した人たちが「リツイート」や「シェア」をしてくれる傾向が強いので、両方やっておけば支援してくれる人の輪が広がっていきます。

またフェイスブックやツイッターにはプロジェクトに対する疑問が届くこともあります。

それらにきちんと対応することで、ファンがつき、支援してくれることも多いので、問い合わせには誠実に答えるようにしましょう。

ファンを増やすPR③メール・お手紙(手書き)

身近な友人・知人にお願いのメッセージを送ろう

大事なことなので何度も言いますが、クラウドファンディングを成功させる最大のポイントは、「初速で20%を達成すること」です。

そのために何をすればよいか。いちばん身近で効果的な方法は、「友人・知人にお願いすること」です。

知り合いに対して1通1通メールを書いたり、お手紙を書いたり、LINEなどでメッセージを送ってみてください。

こう言うと、「恥ずかしい」とか「自分のブランド力が落ちる」などと躊躇する人がいますが、それではもったいないです。

そもそも、とんでもなく恥ずかしいとあなたが思っていることでも、ほかの人は覚えていません。
小中学生の頃の自分の奇行を思い出してみてください。
いま思い出したら、恥ずかしくなるようなヘンなことをやっていませんでしたか？
好きな人に対して、おかしな行動をとっていませんでしたか？
……はい、いろいろ恥ずかしいことをしていましたよね。
自分はそういう人の恥ずかしい行動って覚えていますか？
……よっぽどのことでなければ、覚えていませんよね。

そういうものです。
人にお願いして恥ずかしい、と思っているのはたいてい自分だけ、です。
相手にとっては、特に気になりません。それどころか、むしろ、

お願いされたらなんとかしてあげたい、と思うのが人間です。

「自分の気持ちを込めたメッセージ」を送り、素直にお願いしましょう。

ファンを増やすPR④発表イベント、講演会、パーティー

顔を見て、直接「想い」を伝えよう

クラウドファンディングで大きな資金調達に成功しているプロジェクトが地道にやっていること。それが発表会や講演会、パーティーです。

人の財布のヒモが緩むときとは、「食事をしたとき」や「お酒を飲んだとき」ですよね。飲み会で5000円出すなんて、けっこう普通にあることです。

でも、商品に5000円出すとなると、悩んでしまうのが人間。

ならば、「飲み会で5000円」と同じような集め方にチャレンジしてみましょう。

プロジェクトの発表イベント（リアルイベント）を開催する。そこでプロジェクトの内容を発表するとともに、支援をお願いしてお金を集めるのです。

イベントの様子を「Ustream」や「ニコニコ生放送」で流してしまえば、共感してくれ

た人がツイートしてくれたり、フェイスブックでシェアしてくれたりして、また広がっていきます。

また、誰か1人がお金を出すと、それを見た人が「○○君がお金を入れるなら僕も……」という気持ちになってくれたりします。これもリアルイベントのよいところです。

発表といっても、クラウドファンディングでせっかく本文を書いたのですから、それに沿った内容を伝えればいいだけです。

場合によっては、発表資料なしでもできます。動画があればそれを流せばよいですし、クラウドファンディングサイトに登録した内容を見せながら説明するのでもかまいません。

何より「熱い想い」を伝えるのが、リアルイベントでの重要なポイントです。

直接会って話すぶん気持ちが伝わりやすく、伝わればお金を出してもらえます。

ちなみに私の経験によると、リアルイベントでは5000円が集まりやすいです。5000円のリワードも設定しておきましょう。

ファンを増やすPR⑤相互紹介

クラウドファンディングで成功していたプロジェクトに告知をお願いする

クラウドファンディングで支援してくれる支援者はどこに多くいるのでしょう？

答えは簡単、すでに他のクラウドファンディングで支援した人です。

クラウドファンディングが流行ってきているとは言えまだまだ知らない人も多いです。

クラウドファンディングを知らない人に説明するのって大変です。

しかし、すでに他のクラウドファンディングを支援した経験のある人であれば、自分のプロジェクトも支援してくれる可能性があります。

ですので、他のクラウドファンディングを支援してくれた人を探しましょう。

やり方は簡単です。

自分の立ち上げようとしているプロジェクトに似たプロジェクトを探しましょう。

どこのクラウドファンディングプラットフォームを使っていてもかまいません。とにかく自分のプロジェクトに近いモノを探し、そこにコンタクトをとってみましょう。次のようなメッセージを送ってみましょう。

はじめて連絡させていただきます、◯◯と申します。
ぶしつけな連絡になりますが、今私たちがやっているクラウドファンディングを応援していただけないでしょうか。（中略）
他にも応援してくださっているクラウドファンディング企画者の方がいらっしゃいます。
そして△△様が次にクラウドファンディングを実行した場合に必ず支援者のみなさんに宣伝をし、成功へのお手伝いをさせていただきますので、是非ともご検討お願いします。

こうやって支援者の方をうまく見つけていけば成功する可能性も上がっていきます。
成功の秘訣は支援者に自分たちのメッセージを届けることなのです！

ファンを増やすPR⑥拡散のコツ

一度支援してくれた人を味方につけ、さらに広げていく

さて、クラウドファンディングは「宣伝がキモ」だと前に言いましたが、目標金額の20%を超えたあとも油断してはいけません。

引き続き、PR活動をしていく必要があります。特に大事なのが、

「支援してくれた人に、さらなる支援をお願いすること」です。

支援してくれた人は「味方」であり「仲間」です。

味方なのでいろいろと助けてくれます。

たとえば、ツイッターやフェイスブックでリツイートやシェアを繰り返し、どんどん広げてもらうことも可能です。

「多くの人に広げたいので手伝ってください」

そう素直にお願いすると、本当にやってくれます。

せっかくの味方ですから、一緒にプロジェクトを広げてもらいましょう。

また、募集中であっても、何かプロジェクトに変化があればどんどん支援者の人に伝えていきましょう。

「支援額が1％増えた」だけでも、報告してください。

それを伝えることで、支援者が「よし、また実現に近づいた」とテンションを上げてくれます。

熱意は何度でも伝えてください。

どうしてこのプロジェクトを立ち上げたいと思ったか。

同じような内容でも何度も伝えていくことで、理解が深まっていきます。

そして、想いが伝われば伝わるほど、支援の輪が広がっていきます。

何度も支援者の人に気持ちを伝えることで、ラストスパートもうまくいきます。

「目標金額の60%を超えれば、ほぼ成功する」と言われるように、60%を超えたプロジェクトは、もしヤバそうだったとしても、「すでに支援してくれた人にもう一度呼びかけること」で、またお金を入れてもらえます。

支援してくれた人は味方です。

そして、プロジェクトを達成してほしいと思い、自分のお金を提供してくれます。

だから「自分がもうひと押しすれば成立するかも」と、もう一度支援してくれることも多いのです。

ただし、もう一度支援してもらうためには、プロジェクトの募集期間にわたってしっかりと想いを伝えておく必要があります。

支援者に向けてマメにメッセージを出すことが重要なのは、このためでもあります。

いちばんの応援者になってくれるのは、すでに支援してくれた人。

その大事な存在を忘れないようにしましょう。

ファンを増やすＰＲ⑦プロジェクト達成後

おれメールでつながりを強化しよう

めでたく目標金額を達成したら、まずは支援者のみなさんにお礼のメッセージを送りましょう。

クラウドファンディングは「みんなが熱狂する」場です。

支援してくれた人の多くが、達成するかしないかのタイミングにプロジェクトページを見にいきます。

そして、達成することができたその瞬間、支援者も大きく盛り上がります。

この盛り上がりのタイミングで、お礼のメールを送ることはとても大事です。

みんなで大きな達成感を味わうことができますから。

また、クラウドファンディングは1回で終わらせる必要はありません。

面白い企画を思いついたら、また挑戦すればいいのです。

1000万円のプロジェクトを1回目で達成するのはむずかしかった。でも、400万円のプロジェクトを3回やれば1000万円以上集まります。


何度も挑戦するときに大切にしたいのが、一度でも支援してくれた人たちです。


彼らは、次も支援をしてくれる確率が高いのです。しかも、次のチャレンジでも早い段階でお金を入れてくれる「強力な支援者」になってくれます。

一度支援してくれた人は大切な味方。しっかりとつきあいを深めていきましょう。

プロジェクトの進捗があればマメにメールを送付します。

資金を受け取ったあとも、お礼を返したあとであっても、マメにプロジェクト後の報告をしていくことで関係性が強まっていきます。

関係性が強まれば強まるほど、次の機会に支援してくれる可能性が高くなるのです。

ファンを増やすＰＲ⑧ストレッチゴール

達成したら次のゴールを発表して さらなる支援を募る

プロジェクトの支援が目標額を達成したら次にやることがあります。

それは、次のゴールを発表することです。

支援が集まれば集まるほど、やれることも増えていくはずです。

「さらに３００万円集まったら追加でこれもやります！」

「さらにさらに５００万円集まったら、これも追加でやります！」

というようにどんどん支援が集まるごとに次の目標を発表していきましょう。

そうすると、もっとすごいことをやって欲しい、という支援者がさらに応援をしてくれます。

ストレッチゴールで追加支援を

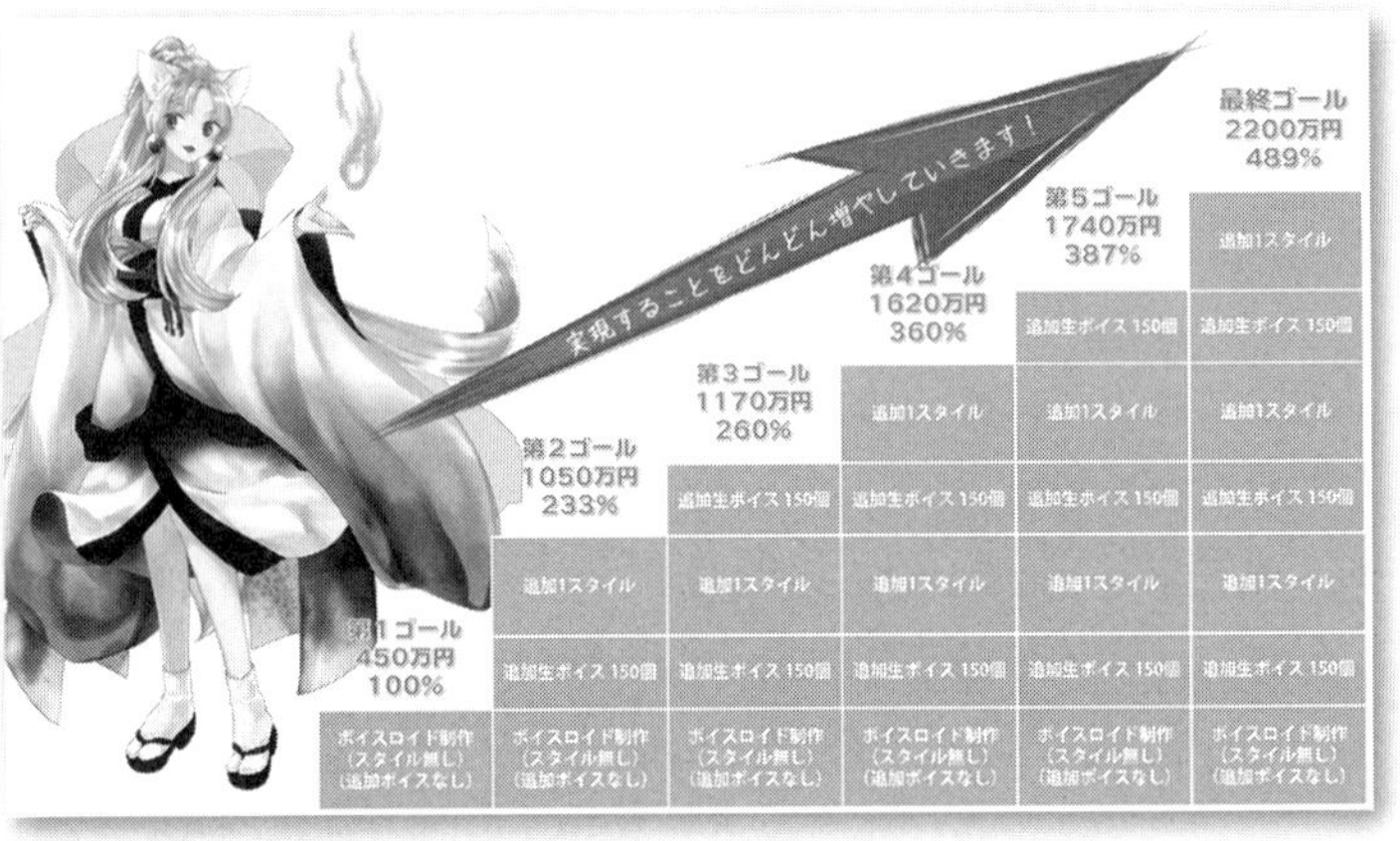

実際に２３００万円が集まったプロジェクトでは画像のようにどんどん追加のゴールを発表しました。

最初は４５０万円がゴールでしたが、最終的に２３００万円集まったのは。やること、公約をどんどん増やしたからなのです。

集まった資金の管理と会計処理は忘れずに

クラウドファンディングの講演をすると、必ずといっていいほど聞かれるのが、会計処理についての質問です。

新しい仕組みだけに、会計の専門家であっても理解できている人が少ないのでしょう。

東北ずん子プロジェクトで当社（SSS社）が行った会計仕訳を231ページに示しました。あくまでも当社が行った手続きですが、参考にはなると思います。

クラウドファンディングでは
プロジェクトの支援が達成しても、
すぐにはお金が振り込まれるわけではありません。

月末締めの翌月末払いのところもあれば、2か月後払いのところもあります。目標金額を達成した瞬間に入金されるわけではなく、お金を受け取るまでかなりのタイムラグがあることを理解しておきましょう。

手元にお金がない場合、振り込まれるまではプロジェクトの実施に着手することができません。

そしてもう1つ、大事なことがあります。

集まった資金を大事に使うことです。

当たり前ですが、これがなかなか大変です。

名前は出せませんが、ゲーム制作のためにクラウドファンディングで多額の資金を集めたけれども、資金を使い果たしてしまった人たちがいます。

このままゲームをつくらないで終わると「詐欺行為」と同じです。

集めたお金は全部使うのではなく、「利益がたくさん出るように大事に」使っていきましょう。

クラウドファンディングの会計処理(SSS社が実際に行った例)

※詳しくは税理士に相談しましょう。

クラウドファンディング達成後資金が振り込まれたとき	現　金　／　前受金
各種制作時	仕掛品　／　材料費 仕掛品　／　外注費 仕掛品　／　労務費
リターン送付時	前受金　／　売　上 製造原価　／　仕掛品

※利益を把握するためにも帳簿はしっかりつけておきましょう。

次に1000万円を集めるのはあなた

クラウドファンディングが世界中に広まったおかげで、いい企画があれば、だれでも資金を調達できるようになりました。

これは本当にすごいことです。大きな資金力や組織を持たない一個人でも、アイデア1つで必要なお金が集まるのですから。

そして、お金を投じれば、クラウドソーシング（ネットを使った外注）で人に何かをお願いすることができるようになりました。プログラム作成から、イラスト制作、動画制作、手芸、クラフト、などいろいろなことを外注できます。

クラウドファンディングとクラウドソーシング。

この2つを組み合わせるとどうなるか……。

そう、面白い企画さえあれば、プロジェクトをつくり、クラウドファンディングで資金を調達し、やるべきことをすべてクラウドソーシングで外注することだって可能です。

アイデアを実現するには、そのための企画をつくればいい時代。


画期的ですよね。

いままではアイデアを考える人よりも、アイデアを実現する人が重視されました。

しかしこれからは、アイデアがあれば、企画にしてマネジメントするだけで、そのアイデアが実践できてしまうのです。

アイデアを実現すれば、それでお金（収入）を手に入れることだってできます。

「『毎日34km歩いて工場に通勤する男』のために自動車を買ってあげたい」というプロジェクトでは、寄付を30万ドル集めることができていました。

30万ドルといえば３６００万円です。

高級車を買ってもお釣りがくる、地方なら家が１軒買える金額です。

すごいですよね。

ちなみに、日本人がツイッターで「自転車買えよ」と突っ込みを入れていましたが、そういうことではなく、そこにお金を入れることが楽しい、と思った人がこれだけ集まった、ということなのです。

あなたのアイデアをアウトプットするだけ。そこからクラウドファンディングが始まります。

家事に役立つアイデアを思いつき、そのための道具を考えたとしましょう。

たとえば、掃除機につけるアタッチメント。

ならば、商品化するためのお金を集めて売ってしまいましょう。素晴らしいビジネスチャンスです。

クラウドファンディングなら、宣伝から販売までできてしまいます。

ダイエットに成功した。腹筋を割ることに成功した。

そのときに使った自作の道具などがあったら、それをクラウドファンディングで販売しましょう。

ほんの少しでもいい、いまよりよくなる未来が待っていることをアピールすれば、そこに人は期待したり、面白いと思ってくれたりして、お金が集まります。


おいしい料理ができた。

その料理を届けるために、クラウドファンディングをしてもよいでしょう。

ポテトサラダだけでクラウドファンディングに成功し、大金をゲットした人もいる時代です。すごい発明など必要ありません。

面白いこと、新しいこと、ファンがいること、世の中の役に立つこと。

たとえ、いますぐ自分にできないことでもいいので、どんどん企画を考えてみましょう。

やりたいことがあるけどできない、その理由がお金の問題であれば、その（足りない）お金を集めてしまえば解決できます。

単純に、いま、困っていることがあるならば、その現状を訴えるのでもＯＫです。

面白そうなら、みんながお金を入れてくれるのです。


ここまで本書を読んでいただいた方は、クラウドファンディングの使い方から、成功のノウハウまでもう手に入れています。

次は、あなたが本書のノウハウを使って大成功をする番です。

あなたの成功を楽しみにしています。

そして、大成功したら教えてください。

次に本を書く機会があったら、ぜひその成功事例を掲載させてほしいと思います。

私はクラウドファンディングで6000万円超を得ました（本書執筆後には1億円超に）。

5億円、10億円を集めた人もたくさんいます。

身近にある、ちょっとしたアイデアをプロジェクトにして、それで大金を手に入れて、世の中をもっと面白くしていきましょう。

その報告を楽しみにしています。

世界中の人々に対してクラウドファンディングはできる

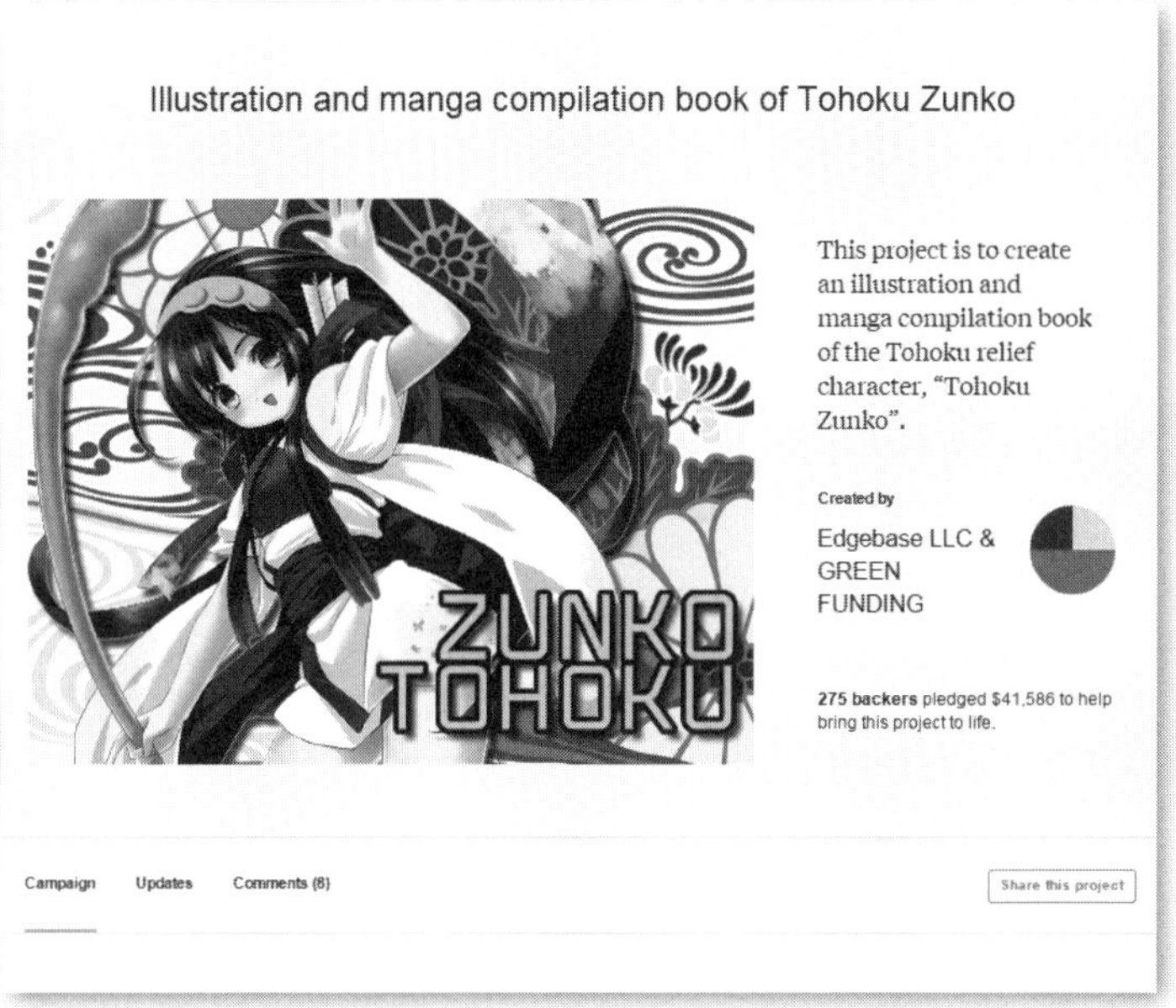

おわりに ―― クラウドファンディングの未来

クラウドファンディングはこの先、どうなっていくのでしょうか。

そして、クラウドファンディングによって、未来はどう変わるのでしょう。

いきなり個人的な話をしますが、私は不整脈持ちです。

不整脈のおかげで、将来、宇宙に行くことができません。

父も心臓が弱く、一度、心停止したことがあります。電気ショックでなんとか回復したので、よかったのですが……。

そんな私や私の父が、もし「不整脈が治る薬をつくりたいから研究費をください」というクラウドファンディングを知ったら、たぶんお金を入れるでしょう。

自分を健康にしてくれる研究をしてもらえるのですから。

いまはまだ、研究者がクラウドファンディングで資金調達という事例はあまり多くはありませんが、がん細胞を簡単に見つける研究などがあれば、自分の健康のために多くの人がお金を出すことでしょう。

クラウドファンディングのリターンが「臨床研究に参加できる」とあったら、支援する人はさらに増えると思います。

なにしろ、優先して治療してもらえるのですから。

研究者も、集まった資金を使って積極的に研究を推進できる――。

私はいつか、こんな世界が訪れるのでは、と考えています。

クラウドファンディングのおかげで、さまざまな病気が減っていくのです。

お金はあるけれど健康を害している人は、自分の病気を研究してくれる人に資金を投じ、研究の成果を自分に使ってもらいたいと考えるでしょう。

それが結局は研究を進め、多くの人の命を助けることにつながります。


ほかにも、たとえば宇宙開発分野でクラウドファンディングを活用する。

火星で鉱物を採取する。

リターンとして、この鉱物に触れられる権利をもらえるとしましょう。

触ってみたい！　と思いませんか？

鉱物は無理でも、戻ってきたロケットを最初に見る権利がもらえたら、見たいですよね。火星に着陸したロケットですよ。

昔、「1000万円で宇宙旅行」というプランが流行りましたが、これからはクラウドファンディングでいいですよね。

宇宙でなくても、深海でもいいですね。

海面下数百メートルの深海の世界、見たくありませんか?

どんな生物がいるのか、気になりませんか?

潜水艦に乗って、研究者と一緒に行ける。

ワクワクしませんか?

クラウドファンディングが研究開発の分野に浸透すれば、こうした面白い研究プロジェクトにも、資金が行き渡るようになります。

クラウドファンディングの魅力は、お金を出した人が「参加者」になれること。お金を出すことで参加する権利をもらえる、だから一緒にワクワクを楽しむことができるのです。

研究だけではありません。

これから、さまざまな分野でクラウドファンディングは広がっていくでしょうし、さらに新しいクラウドファンディングの形もできてくるでしょう。

たとえば「コンサート専門のクラウドファンディング」などは、近いうちに登場するのではないかと思っています。

現在のクラウドファンディングは、まだまだ面倒なところがあります。

自分で全部企画をして準備をして、お金を集めたあとに全部自分で手配をしなければなりません。

しかし、そういった手続きは苦手だけどファンはいっぱいいる、という人もいます。

アイドルやミュージシャン、人気のブロガーなどがお金さえ集めれば、コンサートやイベントを簡単にできるように準備してくれるクラウドファンディング事業者が出てくると予想しています。

アイドルやミュージシャンがみずからイベント企画をするのではなく、クラウドファンディング事業者がコンサートのセッティングまでしてくれる。

ミュージシャンはファンに呼びかけるだけでOK。

お金が集まれば、全部コンサートの準備を整えてもらえる。

こういった「裏方を代行してくれる」クラウドファンディング事業者はまだまだ少ないですが、今後は確実に増えると見込んでいます。

一度のクラウドファンディングで一生分のお金を稼ぐようなアイデアマンも出てくるでしょう。

本書の冒頭で紹介したポテトサラダのケースを思い出してください。

あれ、面白いと思いますか?

もっと面白いことができそうではありませんか?

考えれば、まだまだたくさんの面白いことができるはずです。

そして、そのアイデアにお金が集まります。
1億円、2億円、10億円、20億円のプロジェクトも夢ではありません。
宝くじを当てるよりも当たりやすく、
宝くじよりも大金を得ることができる。
そう、クラウドファンディングには無限の可能性が広がっているのです。

著者紹介

小田恭央（おだ・やすお）

SSS 合同会社 CEO
1977 年生まれ。関西大学卒業後、富士通株式会社に入社。2007 年に独立。

IT や経営・業務改善のコンサルティング活動を行っている。

また、SSS 合同会社にて、東北応援キャラクター東北ずん子の運営などを行う。

これまで、東北ずん子プロジェクト等で 10 回以上クラウドファンディングを実施。毎回異なるクラウドファンディングプラットフォームで行い、すべて成功させている（2021 年時点で総額 1 億円超）。

現在は、商工会議所等で、クラウドファンディングに関する講演、指導も行っている。

その活動は雑誌・新聞等メディアでも取り上げられている。


成功《せいこう》するクラウドファンディング　〈検印省略〉

2018年　12 月　13 日　第　1　刷発行
2021年　4　月　3　日　第　3　刷発行

著　者――小田 恭央（おだ・やすお）
発行者――佐藤 和夫

発行所――株式会社あさ出版
〒171-0022 東京都豊島区南池袋 2-9-9 第一池袋ホワイトビル 6F
電　話　03 (3983) 3225（販売）
　　　　03 (3983) 3227（編集）
F A X　03 (3983) 3226
U R L　http://www.asa21.com/
E-mail　info@asa21.com
振　替　00160-1-720619

印刷・製本 (株) 光邦

facebook　http://www.facebook.com/asapublishing
twitter　http://twitter.com/asapublishing

ISBN978-4-86667-111-6 C2034